中国古代武术

王俊 编著

中国商业出版社

图书在版编目（CIP）数据

中国古代武术／王俊编著. -- 北京：中国商业出版社，2015.5
ISBN 978-7-5044-8594-6

Ⅰ.①中… Ⅱ.①王… Ⅲ.①武术-介绍-中国-古代 Ⅳ.①G852

中国版本图书馆 CIP 数据核字（2015）第 117326 号

责任编辑：常勇

中国商业出版社出版发行
010-63180647　www.c-cbook.com
（100053 北京广安门内报国寺 1 号）
新华书店总店北京发行所经销
北京飞达印刷有限责任公司
*
710×1000 毫米　16 开　12.5 印张　200 千字
2015 年 8 月第 1 版　2015 年 8 月第 1 次印刷
定价：25.00 元
* * *
（如有印装质量问题可更换）

《中国传统民俗文化》编委

主　编　傅璇琮　著名学者，原国务院古籍整理出版规划小组秘书长，清华大学古典文献研究中心主任教授，原中华书局总编辑

顾　问　蔡尚思　著名历史学家，中国思想史研究专家
　　　　卢燕新　南开大学文学院副教授
　　　　王永波　四川省社会科学院文学研究所副研究员
　　　　叶　舟　中国思维科学研究院院长，清华大学、北京大学特聘教授
　　　　于春芳　北京第二外国语学院教授
　　　　杨玲玲　西班牙文化大学文化与教育学博士

编　委　陈鑫海　首都师范大学中文系博士
　　　　李　敏　北京语言大学古汉语古代文学博士
　　　　赵　芳　出版社高级编辑，曾编辑出版过多部文化类图书
　　　　韩　霞　山东教育基金会理事，作家
　　　　陈　娇　山东大学哲学系讲师
　　　　吴军辉　河北大学历史系讲师
　　　　石雨祺　出版社高级编辑，曾编辑出版过多部历史类图书
　　　　王　欣　全国特级教师

策划及副主编　王　俊

序言

　　中国是举世闻名的文明古国,在漫长的历史发展过程中,勤劳智慧的中国人,创造了丰富多彩、绚丽多姿的文化,可以说人创造了文化,文化创造了人,这些经过锤炼和沉淀的古代传统文化,凝聚着华夏各族人民的性格、精神、智慧,是中华民族相互认同的标志和纽带。在人类文化的百花园中摇曳生姿,展现着自己独特的风采,对人类文化的多样性发展做出了巨大贡献。中国传统民俗文化内容广博,风格独特,深深地吸引着世界人民的眼光。

　　正因如此,我们必须深入学习贯彻十八届三中全会精神,按照中央的规定,加强文化建设。2006年5月,时任浙江省委书记的习近平同志就已提出:"文化通过传承为社会进步发挥基础作用,文化会促进或制约经济乃至整个社会的发展。"又说:"文化的力量最终可以转化为物质的力量,文化的软实力最终可以转化为经济的硬实力"(《浙江文化研究工程成果文库总序》)。今年他去山东考察时,又再次强调:中华民族伟大复兴,需要以中华文化发展繁荣为条件。

　　学习习近平同志的重要讲话,确可体会到,在政治、经济、军事、社会和自然要素之中,文化是协调各个要素协同发展、相关耦合的关健。正因为此,我们应该对华夏民族文化进行广阔、全面的检视。我们应该唤醒我们民族的集体记忆,复兴我们民族的伟大精神,发展和繁荣中华民族的优秀文化,为我们民族在强国之路上阔步前行创设先决条件。

实现民族文化的复兴,更必须传承中华文化的优秀传统。现代中国人,特别是年轻人,对传统文化十分感兴趣,蕴含感情。但当下也有人对具体典籍、历史事实不甚了解,比如说,中国是书法大国,谈起书法,有些人或许只知道些书法大家如王羲之、柳公权等等的名字,知道《兰亭集序》是千古书法珍品,仅此而已。再比如说,我们都知道中国是闻名于世的瓷器大国,中国的瓷器令西方人叹为观止,中国也因此而获得了"瓷器之国"(英语 china 的另一义即为瓷器)的美誉。然而关于瓷器的由来、形制的演变、纹饰的演化、烧制等等瓷器文化的内涵,就知之甚少了。中国还是武术大国,然而国人的武术知识,或许更多地来源于一部部精彩的武侠影视作品,对于真正的武术文化,我们也难以窥其堂奥了。我们还是崇尚玉文化的国度,我们的祖先,发现了这种"温润而有光泽的美石",并赋予了这种冰冷的自然物以鲜活的生命力和文化性格,例如"君子当温润如玉"、女子应"冰清玉洁"、"守身如玉";"玉有五德",即"仁"、"义"、"智"、"勇"、"洁",等等。今天,熟悉这些玉文化的内涵的国人,也为数不多了。

　　也许正有鉴于此,有忧于此,近年来,已有不少有志之士,开始了复兴中国传统文化的努力,读经热开始风靡海峡两岸,不少孩童乃至成人,开始重拾经典,在故纸旧书中品味古人的智慧,发现古文化历久弥新的魅力。电视讲坛里一波又一波对古文化的讲述,也吸引着数以万计的人们,重新审视古文化的价值。现在放在读者眼前的这套"中国传统民俗文化丛书",也是这一努力的又一体现。我们现在确应注重研究成果的学术价值和应用价值,充分发挥其认识世界、传承文化、创新理论、咨政育人的重要作用。

　　中国的传统文化内容博大,体系庞杂,该如何下手,如何呈现? 这套丛书处理得可谓系统性强,别具心思。编者分别按物质文化、制度文化、精神文化等方面来分门别类地进行组织编写,例如在物质文化的层面,就有中国古代纺织、中国古代酒具、中国古代农具、中国古代青铜器、中国古代钱币、中国古代石刻、中国古代木雕、中国古代建筑、中国古代砖瓦、中国古代玉器、中国古代陶器、中国古代漆器、中国古代桥梁等等。

在精神文化的层面,就有中国古代书法、中国古代绘画、中国古代音乐、中国古代艺术、中国古代篆刻、中国古代家训、中国古代戏曲、中国古代版画等等;在制度文化的层面,就有中国古代科举、中国古代官制、中国古代教育、中国古代军队、中国古代法律等等。

此外,在历史的发展长河中,中国各行各业还涌现出一大批杰出的人物,至今闪耀着夺目的光辉,启迪后人,示范来者,对此,这套丛书也给予了应有的重视,中国古代名将、中国古代名相、中国古代名帝、中国古代文人、中国古代高僧等等,就是这方面的体现。

生活在21世纪的我们,或许对古人的生活颇感好奇,他们的吃穿住用如何?他们如何过节?如何安排婚丧嫁娶?如何交通?孩子如何玩耍?等等。这些饶有兴趣的内容,这套中国传统民俗文化丛书,都有所涉猎,例如中国古代婚姻、中国古代丧葬、中国古代节日、中国古代风俗、中国古代礼仪、中国古代饮食、中国古代交通、中国古代家具、中国古代玩具、中国古代鞋帽等等,这些书籍介绍的,都是人们深感兴趣,平时却无从知晓的内容。

在经济生活的层面,这套丛书安排了中国古代农业、中国古代纺织、中国古代经济、中国古代贸易、中国古代水利、中国古代车马、中国古代赋税等等内容,足以勾勒出古人经济生活的主要内容,让今人得以窥见自己祖先曾经的经济生活情状。

在物质遗存方面,这套丛书则选择了中国古镇、中国古楼、中国古寺、中国古陵墓、中国古塔、中国古战场、中国古村落、中国古街、中国古代宫殿、中国古代城墙、中国古关等内容。相信读罢这些书,喜欢中国古代物质遗存的读者,已经能大致掌握这一领域的大多数知识了。

除了上述内容外,其实还有很多难以归类却饶有兴趣的内容,例如中国古代的乞丐这样的社会史内容,也许有助于我们深入了解这些古代社会底层民众的真实生活情状,走出武侠小说家们加诸他们身上的虚幻不实的丐帮色彩,还原他们的本来面目,加深我们对历史真实的了解。继承和发扬中华民族几千年创造的的优秀文化和民族精神是我们责无旁贷的历史责任。

不难看出，单就内容所涵盖的范围广度来说，有物质遗产，有非物质遗产，还有国粹。这套丛书无疑当得起"中国传统文化的百科全书"的美誉了。这套书还邀约了大批相关的专家、教授参与并指导了稿件的编写工作。应当指出的是，这套书在写作中，既钩稽、爬梳大量古代文化文献典籍，又参照近人与今人的研究成果，将宏观把握与微观考察相结合。在论述、阐释中，既注意重点突出，又着重于论证层次清晰，从多角度、多层面对文化现象与发展加以考察。这套丛书的出版，有助于我们走进古人的世界，了解他们的美好生活，去回望我们来时的路。学史使人明智。历史的回眸，有助于我们汲取古人的智慧，借历史的明灯，照亮未来的路，为我们中华民族的伟大崛起添砖加瓦。

是为序。

傅璇琮

2014年2月8日

前 言

　　武术起源于中国，是有着悠久历史的传统体育项目。在长期的演变与发展中，武术形成了集健身、防身、养身为一体的独特锻炼功效，是一项很好的全民健身和终身体育运动。武术不仅是我国广大人民群众喜欢参与的运动项目，而且深受世界各国人们的喜爱，在学校体育中也占有相当重要的地位。

　　武术的起源与我国原始人类社会的生产活动息息相关，武术的器械来源于原始人类的生产工具，一些朴素的攻防技法与概念则是从同大自然的搏斗中产生的。阶级、国家产生之后，战争频仍，武术逐渐有了雏形，到秦汉时手搏、剑道已经十分盛行。唐代开科武举，更促进了练武活动的势头。宋代时民间开始有了使拳、踢脚、弄棍、绰刀、打套子等表演，宫廷中则有了"枪对牌"、"剑对牌"等对练项目，武术从此渐以套路运动为主。到了元明清时期，不同拳种流派林立，"十八般武艺"及各家拳法广泛流传。新中国成立后，武术被正式列为体育竞技项目，得到了广泛的普及与推广。

　　武术最初是被作为军事训练手段来运用的，与古代军事斗争紧密相连，其技击的特性是显而易见的。在实际运用中，武术目的在于杀伤、制限对方，它常常以最有效的技击动作方法，击伤或杀死对方，使对方失去反抗能力。这些技击术至今仍在军队、公安中训练被采用。

随着现代文明的进步与法制社会的健全，靠武力解决问题或者显示能力的时代已经过去。人们对审美与健身的需要日渐增强，武术由于非常协调的系统动作、敏捷的反应、舒展的架式、强调健体的功效等诸多审美与健身要素，越来越多的人把武术作为一种艺术搬上舞台，向广大观众展示人体所特有的动作韵律美；更将武术作为一种锻炼身体的方式，勤加练习。随着人们生活水平的不断提高、精神文化需要的增强，武术作为休闲娱乐健身项目会更加深入民间，为武术的原本定义带来时代的革新和质的变化。

本书内容丰富，语言通俗易懂，力求使读者在较好地掌握武术发展演变历史及其专项基本技术、知识的同时，形成终身锻炼的体育意识、能力和习惯，从而为读者进一步学习提高武术技术知识和终身受益奠定良好的基础。

目录

第一章 武术运动基础知识

第一节 武术的本质特征 ……………………………………… 2
武术的概念 ………………………………………………… 2
武术的内涵 ………………………………………………… 3
传统武术和普通竞技运动的区别 ………………………… 5
现代体育运动与传统武术健身的区别 …………………… 8

第二节 武术的分类与特点 …………………………………… 11
武术的形式与类别分类 …………………………………… 11
武术的功能分类 …………………………………………… 15
武术运动的特点 …………………………………………… 15
武术运动的作用 …………………………………………… 16

第三节 中国武术发展简史 …………………………………… 19
武术的起源 ………………………………………………… 19
古代武术的雏形 …………………………………………… 21
古代武术的初步兴盛 ……………………………………… 23
古代武术的形成与发展 …………………………………… 25
古代武术体系的形成 ……………………………………… 27
古代武术的繁荣 …………………………………………… 31
近代中国武术 ……………………………………………… 35

现代中国武术 ································ 38

第二章 中国武术流派

第一节 五花八门的拳种 ················ 44

以佛圣道仙、神魔鬼怪命名的拳种 ········ 44
以"门"命名的拳种 ······················ 45
以姓氏命名的拳种 ························ 45
以人名命名的拳种 ························ 45
以地名命名的拳种 ························ 46
以动物命名的拳种 ························ 46
以日常杂物命名的拳种 ···················· 47
以手法命名的拳种 ························ 47
以步法、腿法命名的拳种 ·················· 47
地躺拳类 ································ 48
醉拳类 ·································· 48
跌打拳类 ································ 48
器械套路类 ······························ 49

第二节 中国武术流派 ················ 50

少林派 ·································· 51
武当派 ·································· 55
峨眉派 ·································· 58
南拳 ···································· 62
形意拳 ·································· 64
八卦拳 ·································· 67
太极拳 ·································· 69
八极拳 ·································· 71
劈挂拳 ·································· 74
螳螂拳 ·································· 75

查拳 …… 78
　　摔跤 …… 79
　第三节　神秘的少数民族武术 …… 83
　　苗族武术 …… 84
　　景颇族刀术 …… 87
　　回族武术 …… 88
　　彝族武术 …… 91
　　壮族武术 …… 94
　　德昂族武术 …… 96
　　土家族武术 …… 97
　　藏羌武术 …… 99

第三章　中国武术文化

　第一节　传统哲学与中国武术 …… 102
　　儒学思想与武术 …… 102
　　阴阳思想与武术 …… 105
　　五行思想与武术 …… 107
　　八卦思想与武术 …… 108
　　《孙子兵法》与武术 …… 110
　　太极思想与武术 …… 111
　　宗教思想与武术 …… 113
　第二节　古代武术与传统文化 …… 118
　　天人合一的武术境界 …… 118
　　师道传承的文化意义 …… 120
　　武术与书学 …… 122
　　武术与舞龙、舞狮 …… 123
　　民间武术村与武术世家 …… 125

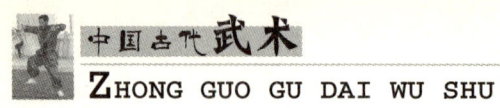

第三节　武术与江湖 ······ 128
　　递帖、拜师与学艺 ······ 128
　　拳谱与门规 ······ 131
　　切磋与打擂 ······ 133
　　古代镖师的另类生活 ······ 135

第四章　武术名人与武术名篇

第一节　中国武术名家 ······ 140
　　陈氏太极拳创始人陈王廷 ······ 140
　　"牌位先生"陈长兴 ······ 141
　　八卦掌创始人董海川 ······ 141
　　偷师学艺的杨露禅 ······ 142
　　一代大侠霍元甲 ······ 143
　　岭南宗师黄飞鸿 ······ 144
　　"侠骨"杜心武 ······ 144
　　传奇英雄李小龙 ······ 145

第二节　中国武术名篇 ······ 146
　　调露子与《角力记》 ······ 146
　　唐顺之与《武编》 ······ 147
　　戚继光与《纪效新书》 ······ 148
　　俞大猷与《剑经》 ······ 150
　　程宗猷与《耕余剩技》 ······ 151
　　吴殳与《手臂录》 ······ 152
　　黄百家与《内家拳法》 ······ 153
　　玄机和尚与《拳经·拳法备要》 ······ 153
　　王宗岳与《太极拳论》 ······ 154
　　苌乃周与《苌氏武技书》 ······ 154

第三节　武德与武礼 ························· 156
　　武德的概念 ··························· 156
　　传统武德的内涵 ························ 157
　　重德的拳礼 ··························· 159
　　徒手礼 ······························· 161
　　持械礼 ······························· 162
　　武礼的应用 ··························· 163

第五节　古代武术器械 ························ 165
　　矛 ································· 165
　　戈 ································· 166
　　戟 ································· 168
　　枪 ································· 170
　　刀 ································· 172
　　剑 ································· 175
　　暗器 ······························· 178

参考书目 ································ 181

第一章

武术运动基础知识

　　武术是一项古老优秀的民族传统体育项目,在长达5千多年的历史演变发展中,中华民族积累了丰富多样的健身、养身保健理论和方法,并以其独特的生理心理功效受到人们的喜爱,吸引着无数国内外广大武术爱好者的参与。随着人们物质、精神生活的提高,健康意识的增强,追求高质量的健康生活方式已成为现代人的时尚。

第一节
武术的本质特征

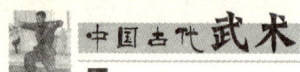

武术的概念

中国武术源远流长，有着悠久的历史和广泛的群众基础，是中华民族在长期生活和斗争实践过程中逐步积累和发展起来的一项宝贵文化遗产。武术的概念是人们认识与研究武术的基本依据。在漫长的历史进程中，不同时期对武术的概念也有着不同的表述，它的内涵和外延是随着当时社会历史的发展和武术本身的发展而发展的。武术在历史发展过程中曾有过许多不同称谓，如春秋战国时称"技击"，汉代称"武艺"，清初称"武术"，民国时期称"国术"，新中国成立后正式命名为"武术"。武术的内容和形式丰富多彩，仅有文字记载的古代武术中，以舞练形式的套路运动就有"戈舞"、"矛舞"、"刀舞"、"剑舞"、"打拳"、"使棒"、"使枪"等单人演练和集体的演练以及"枪对牌"、"剑对牌"等双人对练，以对抗形式的搏斗运动也有"角抵"、"击剑"、"较棒"、"手搏"、"相扑"、"刺枪"等，五花八门，不一而足。

从历史的早期发展进程来看，人类在面对生存竞争、狩猎以及战争时，所积累的技能形态与古代武术初期的技能形态是大致相同的，甚至在一定时

中国武术

期两者的内涵也是一致的。后来随着历史的变迁，武术发展到今天，体育的功能日渐凸显，其内容、形式和手段的体育化特点更趋明显，已完全归属于体育的范畴。

由此可见，我们将武术定义为：一种以技击为主要内容、以套路和搏斗为运动形式，同时注重内外兼修的中国传统体育项目。

武术的内涵

从广义上来看，武术又是简单的体育概念所不能涵盖的，它既从属于体育，同时又高于体育。武术所涵盖的内容已远远超出了体育的范围，它的内涵更为深广。

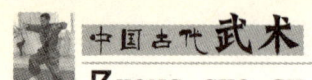

1. 武术是中国传统的技击术

武术最早源于狩猎和战争。随着社会的不断发展，为适应不同的需求，武术从形式到内容上都有了很大的变化，但是其"技击"这一精髓却始终未变。武术以技击为主要内容是武术的本质属性，无论是套路运动还是格斗运动，都离不开攻与防。正是这一特性使得武术既不同于舞蹈、杂技等运动形式，也不同于体操等传统体育项目。

长期以来，古代人们根据实践总结出了自己的传统技击术，如徒手的踢、打、摔、拿以及器械的击、刺、劈、砍等技击方法。同时，各地域、各拳种又不尽相同，其中擒拿法、快摔法、十八般兵器的技法等，均有其独到之处。因此，武术的技击特点，充分反映了武术概念的内涵。

2. 武术是中国的传统体育项目

几千年来，人们一直将武术作为强身健体、锻炼意志的一种手段，发挥其健身和育人的功能。近代以来，武术在军事训练中的作用日趋减小，体育功能日益增强。加之近代文明的兴起，世界及中国体育运动的蓬勃发展，武术的功能明显地向体育方面转变。尤其是新中国成立后，政府明确将武术定为体育项目，大力开展群众性的练武活动，武术成为全民健身活动的重要组成部分，使武术的套路和散打运动更明显地表现出体育的性质。由此可见，武术的体育属性是随着社会的发展从而得以不断加强的。

3. 武术是中国传统文化的重要组成部分

武术的发展与中国传统的文化环境是分不开的。在漫长的历史进程中，武术不断受到哲学、政治、军事、宗教、艺术、生物与医学理论以及社会习俗等中国传统文化的影响，中华民族独特的思维方式、审美情趣、道德观念、价值取向以及人生观、宇宙观等在武术中都有不同的反映。

中国传统武术强调"内外兼修",其内涵可从以下三个方面理解:

(1) 武术既追求外在的形健,也注重内在的神韵,以达到"形神兼备"。

(2) 武术既强调练"外",也强调练"内"。通过武术锻炼不仅能强健筋骨,还可提高人体的神经系统和内部机能。通过这种内外相合,达到身体性能的高度协调与统一,完美体现了武术的整体运动观。

(3) 武术既强调技术的精益求精,同时也强调武德的修养,追求德艺双修。

"内外兼修"以古代阴阳哲学为基础,包含着内容丰富的文化内涵,如整体运动观、阴阳变化观、形神论、气论、动静说、刚柔说、虚实说等,形成了独具特色的中华武术文化体系。使武术超越了一般的体育技术技能层面。

传统武术既具备了人类体育运动强身健体的共同特征,又具有东方文化特有的哲理性、科学性和艺术性,是中国文化在人体运动中的表现和载体,从一个侧面反映出中华民族传统文化的光辉。

传统武术和普通竞技运动的区别

如果仅仅从形式上来看,武术和普通的体育运动项目如篮球、足球,特别是击剑、柔道、拳击之类没有什么本质区别,其最终目的就是利用一定的技能打败对手。通过努力提高运动水平,加强速度和力量与技巧练习,再加上一些实战经验的培养,就可以取得较好的成绩。

从这个意义上来说,武术家与运动员的成长之路是完全相同的,就是都要对基本功如力量、速度、技巧等基本训练完全掌握,并且达到一定的熟练程度。就像打球需要讲究球感一样,武术也要讲究拳感、讲究对武器(刀、棍等)的感觉。这些最基本的技术,必须通过无数次的强化训练才能得以增强。

在基础训练完成之后,最重要的就是让运动员通过参加一定的实战训练,

中国古代 武术
ZHONG GUO GU DAI WU SHU

古代岩画中的技击场景

使运动员对基本技术进行真实的强化，并且在这一过程中培养其战斗意识，并从中培养实战的经验，这才是最重要的一步。

到了高级阶段，运动员至少还要做两件事情：一是针对自身的身体条件，设计对自己最重要的富有个性化特点的技术，让自己能在众多的选手中展现出自己独特的优势；二是必须加强心理辅导，特别是增强精神力量的训练。对高级阶段的运动员来说，这种训练无疑比单纯的技术强化训练重要得多，因为它能挖掘出运动员自己都没有意识到的、普通的身体训练不可能得到的本能潜力，从而在重要的比赛中爆发出巨大的能量。

习武也同样如此。在逐步加强的学习中，所有人都要经过这样一些基本的阶段。如果一个人始终只练一些站桩、压腿之类的基本功，那样只能增强身体素质，却无法练就基本的对抗技术，更别提达到实战的效果了。

另外，我们要一分为二地看待武术"招数"的问题。虽然它和其他体育运动的基本技术有点类似，但却不能完全等同。当然，对招数也不可过分强调，而要想方设法加强其实用性。任何招数都不能光靠在"奇"上下工夫，总有一天，当大家都熟悉了你的套路，再新奇的东西也不可能长久有效。所以，学武必须在"精"上多下工夫，在实战上多下工夫，在个人特点方面多下工夫，才能做到精益求精，立于不败。

综合而言，武术有它自己特殊的东西，这不是现代体育中的竞技运动所能完全代替的。

第一，武术不能完全套用竞技运动的竞赛形式，至少不能把这种形式（如打擂台）当作唯一的内容和目标。固然，擂台赛可以把武术更好地推向市场，取得一定的经济效益。就好像国外的拳击比赛，特别是精彩刺激的职业拳王争霸赛，必然能极大地吸引人们的关注。但我们不能鼓励每个人都去走职业武术的道路，因为武术的最基本的目标是健身和防身，而那些职业运动员们所从事的努力超越人体极限的训练最终未必对他们的健康有多少好处。他们也许有强健的肌肉，但是未必有真正健康的身体。许多运动员浑身伤痕累累不说，一旦他退役后，他的健康便会由于脱离了必要的相应程度的训练而迅速衰退。据统计，泰国拳手平均寿命只有30多岁；在上世纪70年代，美国的足球运动员平均只有39岁；即使是如今，运动员的平均寿命也只有50多岁，这些都远远低于正常人70多岁的平均水平。无数严峻的事实说明，为争取表面的金牌和所谓的胜利，对体能进行过分的"透支"，是有百害而无一益的。

再比如说防身。在擂台上一对一的较量中能取得好成绩的运动员，在生活中可没有公平与规则可言，未必都是这样简单的一对一的较量，经常是一对几，甚至会一对十以上，甚至是空手对器械。在这种情况下，运动员的体力、技巧、可能会起一些作用，但没有经过"混战"训练的人必然会束手束脚，特别是擂台的一些规则可能反而妨碍了他能力的发挥。简单地说，也许他的攻击能力已经足够大，但在复杂的环境中有效地保护自己的能力或许是不够的。据报道，四十多岁的云和人梅某在当地算得上高手级别的人物：喜爱武术的他曾任云和县武术协会会长；曾在武术比赛上勇夺三金一银；还在国际武术大赛中获得七项全能冠军；擅长"板凳功"和"洪拳"。但不幸的是，与别人的一次争斗中，他却被砍身亡。事情发生在2012年11月14日上午，因为和邻居叶某有点小纠纷，梅某和对方发生了争斗，持棍的梅某不幸被持刀的邻居叶某砍伤，送入医

自由搏击

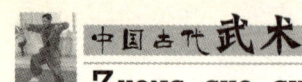

院后不治身亡。类似这样的案例并不鲜见。

第二，武术应该讲求"练养结合"，除了有高超的功夫，还应该有健康的身体。这样，我们就应该寻求一些更为科学的武术训练方式方法。

第三，武术除了身体层面的训练以外，还应该有精神方面的训练，这也是武术的高级境界。古代的武林高手，其练武过程中几乎没有一个是单纯的身体训练，而是讲求"内外兼备"。武术的精神训练除了训练自己的意志、勇气外，同时也不能没有战斗意识的训练。如南派少林武术就有类似冥想般的坐禅式训练，大成拳的技击桩中也有大量类似的训练，余拳的面壁功、高级功法中都有大量的战斗意识训练。几乎武功的训练都强调意念真切感的训练，要能达到几乎左右自己的程度。

武术的精神训练还应该有"大我"和"无我"的练习，这是超越自己的道德和精神层次的训练，这种训练从实用的角度可以产生战胜生活与工作中任何困难的自信和勇气，也是武术中最重要的精神气质的训练。如此，才能达到"出神入化"的最高理想境界。

现代体育运动与传统武术健身的区别

现代体育运动的形式多种多样，但不管哪种形式，其基本手段都是加强身体方面的运动与锻炼。

现代体育观念认为，生命在于运动。人们只要通过这种有目的、有组织的身体运动，就能改善人体的各项功能，调节人的心理，从而达到强身健体、防治疾病、延缓衰老的目的。

随着社会生活水平的不断发展，人们对健身的要求也越来越高，各种健身形式多种多样：舞蹈、健美、瑜伽、散打、跆拳道、空手道，等等，不一而足。选择什么样的健身方式，完全依个人的兴趣而定。

传统武术训练没有先进的器械，大多是靠徒手训练，虽然耗时费力，但却十分精细。而现代化的西方科技器械训练下的运动选手，则更像流水线上批量生产的产品，虽然快速但未免粗糙。武术家和普通健身爱好者在身体素质上的区别，不是谁花的精力和时间更多，而是大家使用的训练模式与训练方法不一样，也就是所谓的功法不同。只有你真正系统地练习传统武术后，才会真正了解传统武术的精髓。

现代体育运动在健身方面具有很大的局限性。现代体育运动是一种纯动型的健身法，运动时如果量度和强度甚至姿势掌握不好，如运动过量、耗能过大、姿势不对，轻则会出现疲劳过度，久之则积劳成疾，于身体健康十分不利；重则伤筋动骨，甚至会有生命危险。很多运动员有膝盖伤，打网球的有网球肘，许多竞技体育的专业运动员在竞赛时猝死，还有很多的运动员都留下运动后遗症，这些都可说明这一点。因此，这种现代体育运动并不适合年老体弱以及心脏病、肝病、肾病、高血压等慢性病患者。

而中国的传统武术，虽然与现代体育一样，其运动形式大致相同，但多以中医理论为依据，认为人的生命是自身生理平衡运动调节的结果。养生之道就在于调养生息，运动锻炼时讲究动静相宜，不可偏废；练养结合，不可脱离。只有这样，才能使人体的神与形相协调，补充日常生活中的劳动、工作、学习所消耗的体能，修复所造成的伤病。形体的动主要练人的筋、骨、皮，形体的静主要练人的精、气、神，通过调节人体的阴阳平衡机能达到防治疾病、健身延年的目的。

从中医理论来讲，很多疾病都是因体内阴阳失衡导致内分泌失调而引起的。传统武术中如内家拳的太极、形意、八卦对于治病疗伤都有着不可思议的奇效。这些拳法不仅符合人体生理结构，而且讲究练气，气行人体十四经络、奇经八脉，走遍全身内外，起到自动按摩的功效。久经习练，正气旺盛则百邪不侵，百病不生。

传统武术还讲究修心养性，可让人保持良好的心态和性格。中国有句古话叫病由心生。心态出现问题必然会在身体上反映出来，只有心态好了身体

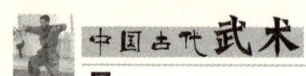

才会好。因而要达到身体健康，修心也是必不可少的一步。传统武术需要长期的习练与领悟，要求身体和心理的协同提高，最终达到以柔克刚、从容应变的程度，练得越多越深入，其性格越平和越内敛，自我控制力也越强。

总而言之，中国传统武术强调身心双修、内外兼备，是极有价值的健身运动。现代体育锻炼身体，传统武术益寿延年，一在"养身"，一在"养生"，这是二者之间最大的区别。

知识链接

武侠游戏中的各种武功

武侠游戏传承中国武侠文化，自成一派。近年来各种武侠游戏层出不穷，它们都继承了金庸、古龙等武侠名家的小说精华，对于武功有着众多的描述和表现，例如：某款游戏是一款跨平台的大型多人在线角色扮演网络游戏。游戏以中国明代社会为背景，以中国传统武侠和历史故事为主题，细心研读金庸、古龙等武侠小说名家之作品，力求展现一个真实丰富气势磅礴的武侠世界。无论是哪位名家的武侠小说都离不开武功这一重要元素，在这部游戏的战斗系统中，武功等级是识别个人战斗实力的重要标志。

武侠游戏中选择了许多经典小说中的武功，一招一式效果丰富绮丽。不仅仅是名称或图片上的简单区别，在游戏中展现每门武功也有不同的特点和效果。

第二节
武术的分类与特点

历来较有代表性的中国武术分类方法，归纳起来有地域分类法、名山大川分类法、姓氏分类法、技术特点分类法等，这些分类方法从各个侧面展现出武术的内容，但缺少整体性和系统化，涵盖性不强。

武术的形式与类别分类

总的说来，中国武术包含两大运动形式——套路运动和搏斗运动，内含五个类别——拳术、器械、对练、集体项目和攻防技术。下面分别简单介绍一下。

1. 套路运动

套路运动是以技击动作为中心，遵照攻守进退、动静疾徐、刚柔虚实等运动变化规律编成的整套练习形式。按照演练形式的不同，套路运动可分为单练、对练和集体演练三种类型。其中单练又包括拳术和器械两类内容。对练包括徒手对练、器械对练、徒手与器械对练三类内容。

（1）拳术。拳术是指徒手演练的套路运动。拳术中又包含许多不同的种类，称为拳种。我国主要的拳种有长拳、太极拳、八卦掌、八极拳、南拳、形意拳、通背拳、地躺拳、象形拳、劈挂拳、翻子拳等。

①长拳是以手型、手法、步型、步法、腿法、平衡以及蹿蹦跳跃、闪展腾挪、起伏转折等动作与技术组成的拳术。长拳姿势舒展，动作灵活，快速有力，节奏鲜明。传统的长拳有查拳、华拳等，是竞技武术中的主要项目。

②太极拳是一种以掤、捋、挤、按、采、挒、肘、靠、进、退、顾、盼、定为基本运动方法（亦称太极十三式）的柔和、缓慢、连贯、圆活的拳术。传统的太极拳有陈式、杨式、吴式、孙式、武式等。太极拳在国内外广为流行，以健身修性为主，也是竞赛项目。

③南拳是一种流行于我国南方各地拳术的总称。拳种流派颇多，广东有洪、刘、蔡、李、莫等家，福建有咏春、五祖等派。南拳拳式刚烈，步法稳固，多桥法，擅标手，常以发声吐气助发力、助拳式。

④形意拳是以三体式为基本姿势，以劈、崩、钻、炮、横五拳为基本拳法，并吸取了龙、虎、猴、马、鼍、鸡、鹞、燕、蛇、鲐、鹰、熊等十二种动物的动作与形象组成的拳术。形意拳整齐简练，严密紧凑，发力沉着，朴实明快。

⑤八卦掌是一种以摆扣步走转为主，以推、托、带、领、穿、搬、截、拦等掌法变换为内容的拳术。八卦掌沿圆走转，式式相连，身灵步活，随走随变。

⑥通背拳是一种以摔、拍、穿、劈、攒等五种基本掌法为主要内容，通过圈、揽、勾、劫、削、摩、拨、扇等八法的运用所组成的拳术。通背拳出手为掌，点手成拳，甩膀抖腕，放长击远，发力脆快。

形意拳

⑦象形拳是一种以攻防动作结合模拟各种动物形态或人物形象所组成的拳术。常见的有螳螂拳、鹰爪拳、猴拳、蛇拳、醉拳等。象形拳象形生动，取意体现各模仿对象的攻防特点。

（2）器械。器械套路种类繁多，可分为短器械、长器械、双器械、软器械四类。短器械主要

集体拳

有刀、剑、匕首等；长器械主要有棍、枪、大刀等；双器械主要有双刀、双剑、双钩、双枪、双鞭等；软器械主要有三节棍、九节鞭、绳标、流星锤等。下面介绍几种主要的单练器械项目。

①刀术是以缠头、裹脑和劈、砍、斩、撩、扎等基本刀法配合步型、步法、跳跃等动作构成的套路。刀术快速勇猛，激烈奔腾，紧密缠身，雄健剽悍。

②枪术是以拦、拿、扎枪为主，兼有崩、点、劈、穿、挑等枪法，配合步型、步法、身法等构成的套路。枪术走式开展，力贯枪尖，上下翻飞，变幻莫测。

③剑术是以刺、点、撩、挂、截、穿、崩、挑等剑法，配合步型、步法、平衡、跳跃等动作构成的套路。剑术轻灵洒脱，身法矫健，刚柔相兼，富有韵律。

④棍术是以劈、扫、抡、戳、撩、挑等棍法配合步型、步法、跳跃等构成的套路。棍术勇敢泼辣，横打一片，密集如雨，梢把并用。

（3）对练是指两个人或两个人以上，按照预定的动作程序进行的攻防格斗套路。

①徒手对练是指运用踢、打、摔、拿等技击方法，按照进攻、防守、还

13

击的运动规律编成的拳术对练套路。常见的有对打拳、对擒拿、南拳对练、形意拳对练等。

②器械对练是指以器械的劈、砍、击、刺、格、挡、架、截等攻防技击方法组成的对练套路。主要有短器械对练、长器械对练、长与短对练、单与双对练、单与软对练、双与软对练等形式。常见的有单刀进枪、三节棍进棍、双匕首进枪、双打棍、对刺剑、对劈刀等。

③徒手与器械对练是指一方徒手，另一方持器械，双方进行攻防对练的套路。常见的有空手夺刀、空手夺棍、空手进双枪等。

(4) 集体演练是指集体进行的徒手的或器械的、或徒手与器械结合的套路练习。竞赛中通常要求 6 人以上，如集体基本功、集体拳、集体刀、集体长穗剑、集体攻防技术等。集体演练要求队形整齐，动作一致，可以变换队形图案，还可以配乐。

2. 搏斗运动

搏斗运动是指两人在一定条件下，按照一定的规则进行斗智较力的对抗练习形式，包括散打、太极推手和短兵三项。

(1) 散打是指两人按照一定的规则，使用踢、打、摔等技术方法制胜对方的竞技项目。

(2) 太极推手是指两人按照一定的规则，使用太极十三式的手法，通过肌肉感觉来判断对方的用劲，然后借劲发力将对方推出界外或使之倒地以决胜负的竞技项目。太极推手也称打手、揉手、揭手，是太极拳的双人徒手对抗练习，与太极拳套路是体与用的关系，互相补充，相得益彰，至今已有 300 多年的历史。

(3) 短兵是指两人手持一种用藤、皮、棉制作的短棒似的器械，在 5.33 米直径的圆形场地内，按照一定的规则使用劈、砍、刺、崩、点、斩等方法以决胜负的竞技项目。

武术的功能分类

　　武术的功能分类法是依据体育分类法的基本原理和武术发展实际，从宏观的角度运用系统的观点，对中国武术进行分类。它既能反映出中国武术多内容、多形式、多类别的特点，更能反映出其多功能、多层次的特点。功能分类法把中国武术分为学校武术、竞技武术和健身武术三大类。

　　武术是体育运动的组成部分，并且早已纳入现代化的轨道，它同其他现代体育项目一样具有教育功能（学校武术）和社会功能（竞技和健身），这种分类法可以真实、清晰地反映出现代武术的格局和发展实际。

武术运动的特点

1. 具有攻防技击性

　　中国武术最大的一个特点是：既有相击形式的搏斗运动，更有舞练形式的套路运动。这是其他民族和国家所没有或少有的。后来随着岁月的流逝，套路运动在发展过程中逐步占有了武术的主要地位，而且内容、形式和流派越来越绚丽多彩，灿如众星。根据拳种和类别的不同，套路有长有短，有刚有柔，有单练有对练，有徒手有器械。风格不同，各具特色。通过套路运动的练习，有利于发展人体的速度、力量、灵敏、协调和耐力等素质，以及勇猛、顽强、坚韧不拔的意志。

　　攻防技击性，是武术运动的主要特点。即使是套路运动，在它的动作和练法中，一般的也都具有攻防技击的意义。如组成武术套路运动主要内容的

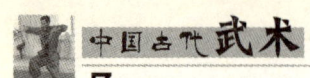

踢、打、摔、拿、击、刺等动作，它们都有着不同的技击特点和攻防规律。由于攻防技击性这一特点的存在，因而使人们通过武术锻炼，不仅能够增强体质，而且能够掌握一些格斗的攻防技术。

2. 锻炼方法独特

中国武术在锻炼方法上有其自身的特点，有别于其他体育项目，归纳起来有如下四点：一是内外相合的高度协调；二是刚柔相间的劲力方法；三是运气调息的贯注动作；四是气势连贯的整体意识。

3. 适用对象广泛

武术运动不仅锻炼价值高，而且内容丰富、形式多样，不同的拳术和器械有着不同的动作结构、技术要求、运动风格和运动量，它可以不受年龄、性别、体质、时间、季节、场地和器材的限制，人们可以根据自己的需要和条件，选择合适的项目来进行锻炼，这给开展群众性的体育活动提供了方便条件。因此，武术运动有着广泛的适应性。

武术运动的作用

1. 具有增强体质的作用

武术套路运动其动作包含屈伸、回环、平衡、跳跃、翻腾、跌扑等，人体各部位几乎都要参与运动。

系统地进行武术训练，对人体速度、力量、灵巧、耐力、柔韧等身体素质要求较高，人体各部位"一动无有不动"，几乎都参加运动，使人的身心得到全面锻炼。实践证明，对外能利关节，强筋骨，壮体魄；对内能理脏腑，通经脉，调精神。武术运动讲究调息行气和意念活动，对调节内环境的平衡，调养气血，改善人体机能，健体强身十分有益。

2. 具有防身自卫的作用

在武术套路和搏斗运动中，技击动作是其主要内容。套路虽然是以演练的形式出现，但它包含了许多攻防中可用的拳法、掌法、腿法、擒拿法和快摔法，经常锻炼

擒拿术

不仅能使人体机能和素质得以提高，还可强化对距离、时机的判断能力的培养，可以起到防身自卫的作用。散打、推手的许多招式动作可以直接用于搏击和防卫，其中许多战术都有益于防身自卫能力的增强。

3. 具有修身养性的作用

进行武术锻炼要常年不懈、持之以恒。长期进行武术锻炼，能够培养坚韧不拔、勇敢无畏以及果敢、冷静、坚毅的意志品质。武术在几千年绵延的历史中，一向重礼仪，讲道德，"尚武崇德"成为学武之人的一种传统教育。诸如尊师重道、讲礼守信、见义勇为、不逞强凌弱、学之有恒、精益求精等，可以培养和陶冶高尚的情操。

4. 具有观赏娱乐的作用

武术具有很高的观赏价值，无论是套路表演，还是散手比赛，历来为人们喜闻乐见。唐代大诗人李白好友崔宗宇赞他"起舞拂长剑，四座皆扬眉"；杜甫在《观公孙大娘弟子舞剑器行》著名诗篇中有"昔有佳人公孙氏，一舞剑器动四方。观者如山色沮丧，天地为之久低昂。爓如羿射九日落，矫如群

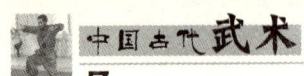

帝骖龙翔。来如雷霆收震怒，罢如江海凝清光。"的描绘；汉代打擂台，"三百里内皆来观"，都说明无论是显现武术功力与技巧的竞赛表演套路，还是斗智较勇的对抗性散手比赛，都会引人入胜，给人以美的享受，都具有很高的观赏价值。通过观赏，给人带来乐趣，更给人以启迪、教育。

此外，人们还可以根据自己的兴趣和爱好选择适合自己的项目进行锻炼。群众性的练武活动可以成为人们切磋技艺，交流思想，增进友谊的良好形式，既可达到健身，又可自娱的目的。

知识链接

石头拳

石头拳属于少林门派"矮架子"，是流传在安徽的著名拳种之一。

石头拳，据史料记载为清末河南商丘籍的武术大家唐殿卿（约1850—1926年）所传。该拳在清道光以前由唐家内传，至咸丰、同治年间，唐殿卿的家父与二伯父应河南嵩山少林寺之邀前往寺内传授武艺，将此古石头拳授与僧众数十人，并以"上石头拳"与"下石头拳"命名。唐殿卿自少年时代起，就得家父及其家族中多位长辈们的悉心指导，不但完整继承了唐家的系列武艺，且更以"上下石头拳"及"石头母拳"为看家技艺。青年时代，唐殿卿开始仗技闯荡江湖，由于其武艺高强且为人有礼，故被光绪初年的两江总督署大将军李德贵及标营把总李存义等圈内大家誉为"南京到北京，神手唐殿卿"。

第二节
中国武术发展简史

武术萌生于远古时代，夏商周得到初步发展，春秋战国时期武术的多种社会功能形成，经过秦汉三国、两晋南北朝、隋唐五代的不断丰富，宋代武术初步形成体系，明清时期不同风格的拳术和器械得到大发展，流派林立，呈现出繁荣局面。进入近代，武术逐渐成为近代中国体育的有机组成部分。新中国成立以后，武术得到蓬勃发展，并逐步走向世界。

武术的起源

中国武术产生的源头，可以一直追溯到我国远古祖先的生产活动中去。早在100多万年前，我们的祖先就生息、繁衍在中华大地上。由于当时尚处于原始社会的初级阶段，生产生活资料异常贫乏，先人们为了生存不得不进行狩猎等生产活动，并因此从中学会了使用木棒、石头击打野兽的方法。这些击打的方法多是基于本能的、自发的、随意性的身体动作，因为当时人们还不可能有意识地把搏杀技能作为一种专门的技能去练习。但这些出于本能的击打技能，就是武术的源头之一。当人类有意识、有目的地运用这些劈刺搏杀技术时,这就是武术的萌芽。

在原始人群的生存竞争中,人与人之间的格斗和武术的萌生更是有着直接的联系。新石器时代末期,由于私有制的萌发,各氏族部落之间为掠夺财产、人口或争夺领地,不断引起争斗,从小规模的械斗逐渐发展成有组织、大规模的战争。古籍传说中记载黄帝与炎帝的战争、黄帝与蚩尤的战争、夏禹伐九黎三苗的战争等,都极大地促进了武器的制作技术及技击技能的发展。新石器时代出现了多种石制兵器,如石枪、石矛、石戈、石斧、石锛、石铲、石槌等。近些年来,随着新石器时代的石镞、骨镞大量出土,表明弓箭也已成为原始人极为普遍的武器。出于战争的需要,大量经过磨制的比较锋利的生产工具逐步转化为战场残杀的武器,随着军队的形成,使用兵器的技艺及战争中所需的格斗技术,也逐渐发展为一个独立的技术领域。

为了适应原始社会战争的需要,新石器时代末期还出现了专为战争操练的武舞(又叫战舞)。舞者手执各种武器,进行种种击刺砍杀动作姿势的演练,具有极大的实战性。据古籍记载,虞舜时期,三苗族反叛,被舜帝三次打败,但还是不降服。后来禹带领军队表演手执巨斧与盾牌的"干戚舞"给三苗人看,那威武雄壮的气势与高超的技巧,终于使三苗不战而降。

中国武术的起源,与原始宗教、教育、娱乐等诸多的原始文化有着紧密的联系。原始宗教的主要形式——巫术与图腾崇拜都常凭借原始的武舞来体现。当时人们在狩猎、战争等活动前后,都要跳武舞,幻想以这些击刺杀伐的动作来战胜敌人。图腾武舞是原始部落祭祀活动的主要内容,以战斗性的舞蹈来供奉始祖神物以示崇敬。武舞还兼有教育和娱乐的作用,是融知识和娱乐、身体技能训练和习惯培养等为一体的多功能活动。

总之,从中国原始社会的生存工具及其搏斗技术,转化到战争的器械及其技术和武舞的整个进展过程中,无不体现出中国武术发端的脉络及其与原始文化之间的紧密关系。

古代武术的雏形

公元前21世纪左右，我国出现了第一个奴隶制王朝——夏朝，以后又经过商朝与西周时代的发展，逐渐向封建社会过渡。与此同时，我国古代武术的雏形也逐渐形成，并已脱离武术的原始属性，开始作为一种相对独立的社会现象出现在历史舞台上。

商周时期，车战是战争的主要形式，车战所需的射御技术和矛、戈、戟等长兵器的使用技艺就成为军事训练的主要内容。同时，拳搏与角力也是军事训练与选拔武士的重要内容，并形成了一定的竞赛制度。

武术的发展与古代青铜器制造技术的进步密不可分。传说夏代时人们就"以铜为兵"。商代时铜的冶炼技术已经达到了相当高的水平，兵器的种类也日益增多，出现了戈、矛、钺等，在河北藁城台西村商代墓葬中还出现了戈矛合体戟。当时的军队，已有了较为明确的分工，戈是勾兵，矛是刺兵，戟是勾刺两用之兵，斧钺是劈兵，弓矢是射兵，还有防卫武器如甲、胄、盾之类。这些兵器的出现，大大提高了武术的效能，使用兵器的技术领域也得以拓展。

徒手搏击虽在原始时期已经萌芽，但真正形成具有一定技巧的徒手搏斗之术，应当开端于商周时期。《史记·律书》记载："夏桀、殷纣手搏豹狼，足追四马，勇非微也"。《史记·殷本纪》说殷纣王"材力过人，手格猛兽"，都是因他们能徒手与猛兽相搏而盛赞其勇。徒手搏击技术的发展，主要还是体现在人与人的徒手搏斗中。商周时期，练习搏斗、角力已成为军事训练的主要内容。《礼记》记载："孟冬之月，天子乃命将帅讲武，习

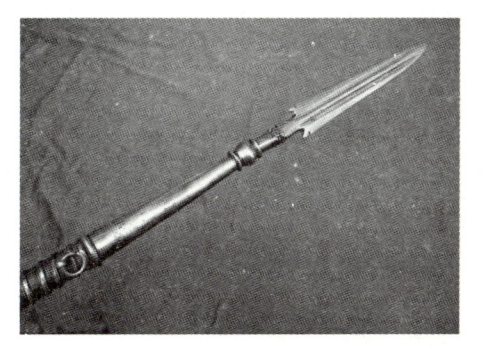

长矛

射御角力。"《礼记·王制》记载："凡执技，论力，适四方，裸股肱，决射御。"所谓"裸股肱"即赤身进行徒手搏斗。这些记载表明，周代挑选武士时要考查武艺与勇力，在冬天还要进行包括角力在内的武艺训练。在《诗经·小雅·巧言》中有"无拳无勇"之句，拳不仅指武力，还应包括拳术的技巧在内，可见当时即以拳勇代表武艺勇力了。

商周时期，奴隶主为了维护其统治，十分重视武备。当时，军事训练的主要形式有"田猎"和"武舞"两种。

"田猎"就是训练各种武器的使用及驭马驾车技术，是集身体、技术、战术训练为一体的综合性训练。据《礼记·月令》载："天子乃教于田猎，以习五戎。"五戎即弓矢、殳、矛、戈、戟五种兵器。"田猎"训练在商代时还比较简单，到西周时已逐渐制度化，并形成了一整套习武讲礼的仪式。

商周时期，武舞得到进一步完善。这时候的武舞已经会根据几种兵器的性能结合，把击刺同阵形队形结合起来训练。这种实战格杀按一定程式来训练，具有一定的理论性，已初具武术的雏形。

夏商周时期，武艺不仅在军事活动中发挥着重要作用，而且在其他社会活动中亦起着积极作用。早在夏代的学校教育中，武艺已是其主要内容。周代的"礼、乐、射、御、书、数"六艺中，"射、御"是车战最主要的军事技能；"乐"中的各种武舞，不少武舞执弓矢、干戚、斧钺等，也是兼有武术与舞蹈的内容。周代的六艺教育，强调文武兼备，并重视礼仪道德的培养，其根本目的还是培养精通武艺的武士。武艺成为国家教育的重要组成部分，这对武术的发展起了极大的推动作用。

与此同时，夏商周时期的武艺逐步与生产劳动技艺分开，而进一步与军事、教育、礼仪等社会活动结合在一起，并初步向多样性功能发展。远兵（弓矢）和长兵（戈、矛）技术，包括徒手搏斗技能的发展，为古代武术的正式形成奠定了基础。

古代武术的初步兴盛

春秋战国时期是我国封建制度逐渐形成发展的时期。在这个急剧变革的时代，武术也发生了很大变化，武艺从种类和内容上都有了较大的发展，从而奠定了中国古代武术的基本格局。

春秋初期，车战逐渐衰落，步兵开始在华夏诸国对西方和北方戎狄族的战争中发展起来。步兵战的兴起，直接增加了短兵相接的机会，加强了对技击技术的要求，因此各国都十分重视士卒的选拔与训练。吴起认为"用兵之法，教戎为先"；孙武指出，"兵众熟练"是决定胜负的重要条件。作战形式、兵种的变化，带来了军事训练的变革，由原先田猎式的军事训练向着按身体与军事战术不同要求的分类训练演进，身体训练与击刺格斗的技术训练日益受到重视。军事训练不仅包括投石、超距、阵法队形等练习，也包括"角力"及"使器械"等技能的练习。

对于春秋时期的步兵来说，无论进攻还是防御，都要依靠手中的兵器来杀伤敌人，这就促进了兵器的进一步发展。

适合于近战的锋利短兵器以剑为代表。最初，剑体形似商代匕首，长仅17.5~27厘米，主要用来防身卫体。春秋时期，青铜剑的形制发生了变化，以柱脊剑为主。战国时剑长已达70~80厘米，在湖南郴州市马家坪古墓出土的铁剑竟长达1.4米。由于铁剑的出现，剑身加长，刃更锋利，其使用方法也日益增多，以刺、劈、拦、截等为主。这一时期，剑术理论有了发展，如战国时出现专门阐述剑术理论的《剑道》一书，便是剑术发展的象征。

这一时期，长兵器除戈、矛、殳、

青铜戈

弓矢外，戟发展成为重要的格斗兵器。戟早在春秋以前已经出现，但还不是主要格斗兵器。戟可作多方向击杀：戟刺可向前直刺，戟援口刃可推击，援锋可啄击，援下刃可钩砍。戟的多功能化是古代长兵器技术史上的进步，丰富了兵械技术的内容。

春秋战国时期，武术的一大重要变革是民间武术的兴起。由于奴隶制的崩溃，奴隶主贵族在军队和教育方面垄断武术的局面被打破，武术开始走向民间。春秋初期，管仲在齐国要求士大夫举荐"有拳勇股肱之力秀出众者"，说明齐国民间拳勇之士甚多。齐国人把这种拳勇格杀技艺称为"技击"——"齐人隆技击"，说明齐国习武之风甚盛。南方的吴、越地区，盛产质精物美的青铜剑，出现了干将、欧冶子等极负盛名的铸剑匠师，被誉为"宝剑之乡"。吴越地区也是击剑盛行之地：吴国"吴王好击剑，百姓多创瘢"；在越国击剑之风盛行，出现了精于"手战之道"的越女；楚国百姓素喜击剑，多有"奇材剑客"。在北方，赵国赵惠文王养"剑士夹门而客三千余人，日夜相击于前"，可见当时武风之盛。

民间武术的兴盛，还表现在社会上职业武士的出现。如侠士，典籍中称为"侠"、"节侠士"、"游侠"，这些人的特点是见义勇为、为知己而死。另一类是"力士"，指力大而勇悍之士。这些武士中有以专门传授武技谋生的人，也有以武技为他人效命的人。社会上大批以习武勇技为职业的人群的出现，对武术的发展具有重要的推动作用。

随着民间武艺的兴盛，武术也开始往庞杂化方向发展。以个人技艺为主的徒手搏技——手搏、角力，在民间十分兴盛。春秋时称为相搏，是集摔跤、擒拿、拳搏为一体的徒手格斗，主要运用奇巧的技术、战术来制胜对手。民间两两相搏，"以为戏乐，用相夸视"，"执技论力"，"以力相高"。相搏已成为当时比赛的一种形式，每年春秋两季都会举行全国性的"春秋角试"来选拔"豪杰"、"骏雄"，"以勇授禄"。《管子·七法》中记述了当时的情景："春秋角试以练……收天下之豪杰，有天下之骏雄，故举之如飞鸟，动之如雷

电,发之如风雨,莫当其前,莫害其后,独出独入,莫敢禁圉。"

春秋战国时期,武术的竞技性、表演性、娱乐性、健身性及多样性已经得到发展,从较为单一的军事武艺演变成为丰富多彩的武术文化,充分体现了武术的一大变革,也形成了武术初步兴盛的局面。

古代武术的形成与发展

从公元前221—960年,中国历史上经历了秦、汉、三国、两晋、南北朝、隋、唐、五代几个朝代,在这漫长的历史过程中,中国武术也得到了进一步的完善与发展。

秦汉时期,随着步骑战的发展,兵器的形制、种类、质量都有了较大的变化。从秦俑出土的戈、矛、戟、钩、殳、剑、弓弩、铍等兵器来看,有长兵、短兵、远兵等,已构成了古代兵器完整的系列。秦以后特别是两汉时期,已有成建制的大量骑兵,适合于劈砍的环柄大刀开始大量使用,逐渐把长剑排挤出去。同时还出现了攻防兼备的"钩镶"。其形制是一块较小的长方形盾,盾的中间突出一短锥,盾背面有把手,上下各伸出盾外一钩。作战时一手持刀,一手持钩镶,推镶可以御敌,钩引可以刺杀。汉代画像砖上有使用钩镶作战的形象。

兵器形制的改进和新武器的发明,不仅丰富了武艺的内容,也促进了使用方法的更新和增多。还出现了把攻防动作连接起来的练习形式,即套路的雏形。据史籍记载,有"剑舞"、"刀舞"、"双戟舞"等。在成都与南阳等地出土的汉画像砖上就有这种演练形式,如弓步扎枪、跃步前刺、上架格挡等动作。这些演练形式既有技击特点,又有娱乐性质。

舞剑

从秦汉的文献和出土文物中，还可看到对抗练习的形式。《汉书·艺文志》上有"手搏六篇"。手搏也称"弁"或"扑"，是一种徒手搏斗形式。湖北省江陵县凤凰山出土的木篦，有彩绘的手搏场面：一方右手横击对方头部，另一方冲拳还击。四川新都出土的汉画像砖的"手搏图"，也形象地表现了二人拉开架势的紧张对峙姿态。

对抗形式的"角抵戏"形成于秦代，发展于西汉，其规模很大。如汉武帝元封三年"作角抵戏，三百里皆来观"。角觚具有竞技和娱乐的性质，是凭体力和技巧战胜对方的竞技运动。

进入两晋南北朝后，武艺得到进一步发展。这一时期，战乱频繁，各民族的武艺得到发展和交流，使骑射武艺受到重视，这是受北方民族多骑兵的直接影响。在南方则步骑配合作战。骑兵作战要求更熟练地运用矛、稍（槊）等长兵器，步兵则多刀盾、双戟等短兵器。长兵器中的戟逐渐减少，稍成为主要武器，其运用技巧发展较快。梁简文帝在《马槊谱》中写道："马槊为用，虽非远法，近代相传，稍已成艺"，并将马上用槊的技术"搜采抑扬，斟酌繁简"整理成谱。其他如刀楯的配合、单刀双戟的使用，"皆有口诀要术"。这一时期，还增加了少数民族的杂色兵器，如鞭、锏之类。

两晋南北朝时期，由于受游牧民族风格传统的影响，角力在社会上流行起来。山西大同出土的石砚，砚面上有二人的角觚形象，皆长发，体格健壮，搂抱在一起，正处于难解难分的竞技状态。敦煌壁画中亦有相扑图，角力双方均赤裸上体，下着短裤，一方已提脚将对方揣倒。吉林省集安县洞沟也出土了角觚壁画，这反映了当时角觚盛行的情况。

唐代时武艺有了较大发展变化。唐代开始实行"武举制"，考试内容有长垛、马射、步射、平射、筒射，以及马枪、翘关、负重等。武举制的设立，使更多的人投入习武活动，促进了武艺的提高。

兵器技艺在隋唐五代时期有了进一步的发展。唐代时枪成为战阵的主要兵器之一，其数量最大，善用枪的人很多，唐初大将尉迟敬德便精于枪术；

五代时，王彦章善使铁枪，"持一铁枪，骑而驰突，奋疾如飞，而他人莫能举也，军中号王铁枪"。唐代的刀有佩刀、陌刀等。弓和弩仍是主要兵器，射箭的理论也有了新成就。《新唐书·艺文志》著录有王琚的《射经》、张守忠的《射记》、任权的《弓箭论》等。

隋唐五代时角觝、手搏的开展亦很普遍，皇帝、百姓都很喜爱。《通鉴纪事本末》载，"汉主好手搏"。《隋书》还记载有每年来自各地的高手云集端门，各献"天下奇技"，一赛就是几天，甚至"终月而罢"。当时手搏、角力比赛时，大都裸露身体一部分。《续文献通考·乐考》载："角力戏，壮士裸袒相搏而角胜负，每群戏既毕，左右军擂大鼓而引之。"

这一时期民间武艺有了较大的发展。剑自秦汉以来，在军中基本被淘汰，只在民间发展。唐时仍有许多文人和民间艺人习武练剑，同时由于表演艺术的发达，使剑术演练技巧已发展到很高水平。杜甫《观公孙大娘弟子舞剑器行》中，唐诗人姚合《剑器词》中都有对剑舞艺术的描写。民间尚武之风日盛，僧人习武练力常有之。《朝野佥载》记载僧人"常角力、腾越为戏"。僧人习武在于强身自保，使武术练习方法进一步与健身养生方法相结合，形成独特的武术练功法。隋唐时就有轻功、内功的记载。

这一时期，虽然文献上关于武术技术的内容记载甚少，但在敦煌藏经洞幡画上却保留着1000多年前的练武图，有徒手的拳术对练、角觝、角力和手持器械的舞剑、矛盾对打等，为我们提供了形象的具体材料，可以窥见当时武技发展的水平。

古代武术体系的形成

宋元时期，中国封建制度继续得以强化，商品经济也有了明显的发展，这些都为武术的发展奠定了深厚基础。这一时期，武艺从内容、形式、技术上都得到了进一步丰富，武术体系已初步形成。

宋元时期，军队中的武艺有了明显的变化，这表现在军事训练的程式化以及使用兵器技艺的进一步规范化。宋代使用了统一的训练操典——教法格，在内容、方式、器械方面都作了明确规定。宋仁宗、宋神宗两次变法期间，多次颁布教法格，对"步射、执弓、发矢、运手、举足、移步及马射、马使蕃枪、马上野战格斗、步用标排，皆有法象，凡千余言，使军士诵习焉"。对于兵器的使用也有明确规定，"凡教刀者，先使执持便惯……若枪者，先使把捉有方，盘旋进退，乃以干之长短大小，插刺深浅而为之"。在此情形下，教头应运而生。教头是专门教授军队武技的教师，由中央派武艺高强者担任，对提高训练水平与兵械技艺都有重要意义。如《水浒传》中的林冲，就是八十万禁军总教头。

宋代的兵器种类繁多，形制复杂，呈现多样化的特点。南宋华岳在《翠微北征录》中说："军器三十有六，而弓为称首；武艺一十有八，而弓为第一。"可见，弓弩作为远射的兵器，在军队中占有重要地位。但"马、步军除习弓弩外，更须精学刀剑及铁鞭、短枪之类"。《武经总要前集》中记载的刀有手刀、掉刀、屈刀、掩月刀、戟刀、眉尖刀、凤嘴刀、笔刀等，称为"刀八色"。枪有双钩枪、单钩枪、环子枪、素木枪、鸦项枪、锥枪、梭枪、槌枪、太宁笔枪等，称为"枪九色"。其他还有如蒺藜、大斧、棒、铁鞭、铁锏等各式兵器。

宋代军队中甚至还出现了武艺表演。如宋太宗时，曾"选诸军勇士数百人，教以剑舞，皆能掷剑于空中，跃其身左右承之"。南宋孟元老在《东京梦华录·驾登宝津楼诸军呈百戏》中载，这些武艺表演包括"枪对牌、剑对牌之类"，"或执杵棒之类"，或"执真刀，互相格斗击刺"，不仅有单练、对练，而且有百余人的集体表演，规模很大。

宋代武术在民间进一步普及，民间结社的武术组织蓬勃兴起，有"弓箭社"、"忠义巡社"、"檼子社"、"霸王社"等。《宋史·

民间武术

兵志》中载："自澶渊讲和以来，百姓自相团结为弓箭社。不论家业高下，户出一人。又自相推择家资武艺众所服者为社头、社副、录事，谓之头目。"而据苏轼调查，当时仅"定保两州，安肃、广信、顺安三军，边面七县一寨，内管自来团结弓箭社五百八十八村，六百五十一伙，共计三万一千四百一十一人"。由此可见，当时弓箭社人数之多、范围之广。北宋末至南宋初，各地乡村居民还组织起了寓兵于农的抗金武术组织"忠义巡社"，势力遍及山西、河北、河南、山东、福建等省，发展规模很大。另外在农村还有以"社"、"堡"、"山寨"等形式出现的武艺结社，如霸王社、亡命社等，其开展的目的、范围、程度各不相同，有的是"自相纠率，保守乡井"或"各据乡寨，屯聚自保"；有的是为防御外族侵扰；也有是为反抗封建压迫剥削而结社的。这些组织的共同点是具有较强的军事训练性质，以弓、弩、刀、枪等为主要装备和训练内容，最重要的还是突出实战性。

与此同时，城市结社组织也有较大发展。南宋时期，都城临安府（今杭州）出现了争交（即摔跤）的"角抵社"、"相扑社"，射弩的"锦标社"、"川弩社"、"射水弩社"，以及使棒的"英略社"等。据《西湖老人繁胜录》记载，这些社的成员因社不同而异，但每社均不下百人。如"射弓踏弩社"，成员大都为武士，要求"能攀弓射弩，武艺精熟，射放娴习，方可入此社耳"；而"射水弩社"则是"盖一等富室郎君，风流子弟，与闲人所习也"，其目的不是求财保家竞胜，而是为了强身健体、娱乐消闲。

宋代商业经济活跃，市民阶层壮大，推动了市民文化的兴起，从而使商业化的习武卖艺活动发展起来，出现了大量的以练武卖艺为职业的民间艺人。据《东京梦华录》记载，北宋汴京城的艺人就有70多人。而据《武林旧事》记载，南宋末年临安城的"诸色伎艺人"更多达800多人，仅角觝艺人就有44人，另有使棒、射弩艺人等。这些艺人在"瓦子"、"勾栏"中表演各种伎艺，据《梦粱录》载："瓦市相扑者，乃路歧人，聚集一等伴侣，以图标手之资。先以女颭在表演前打套子，令人观赌，然后膂力者争交。"女颭在表演前

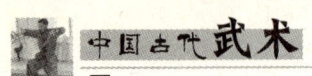

打套子，以招揽观众，有"使拳"、"舞砍刀"、"舞蛮牌"、"舞剑"、"使棒"等。这些以技击技术为基础、按规定动作进行的套路化武艺，一时间在民间武术大舞台上大放异彩。

这一时期，对抗性的"手搏"、"角觝"亦有进一步发展，大概可分为两类：一类是在瓦舍中的角觝表演；另一类是正式比赛，具有"打擂台"的性质。如南宋时临安护国寺南高峰的露台争交，须择诸州郡膂力高强者参加，"天下无对者，方可夺其赏"。宋代的相扑比赛是不分重量等级的，以巧智、勇力决胜负，注重方法和技巧。宋代调露子的《角力记·述旨》中说："夫角力者，宣勇气，量巧智也，然以决胜负。"这种打擂性质的比赛尽管在宋代还不太完备，但它却是中国古老的武术竞赛形式。手搏是使拳的另一种形式。《宋史·兵志》上说："手搏虽不切于用，而亦习其身臂。"所以，也受到提倡。当时的手搏已是肘、拳、脚兼用，并兼有翻转的各种变化。

综上所述，表明宋代武术的发展是多方面的，在军事武艺上，兵器种类增加，武艺多样化；在民间，武艺组织社建立，商业化的习武卖艺发展，在拳械技艺上，套路武艺有单练、对练和集体表演，同时打擂式的露台争交也出现了，对抗性手搏、角觝进一步发展。至此，中国古代武术体系大致形成，奠定了中国古代武术的基本格局。

知识链接

角力的来源

角力是人们用自身的力量而不借用任何工具去征服对手的一项活动。可以这样说，角力是人类最原始、最早的一项体育活动。

角力运动虽在很早的时候就为人们所喜爱，但在古代奥林匹克运动会的开始之初，它并不是正式的比赛项目之一。

角力是在公元前708年的第十八届古代奥运会上被列为正式竞赛项目的，它同时也是"五项全能运动项目之一"。在古希腊，这是一项深受人们重视并且最为普及的竞赛活动。

在古代奥林匹克运动会的角力比赛上，由于竞技不按体重分级别，而只是一项无差别的比赛，因此高水平的运动员往往都是一些身高体壮的大力士。

据史料记载，斯巴达的著名选手古斯波芬在公元前624—公元前608年间，曾连续五届（第三十九届至第四十三届）夺得奥运会的角力冠军，因而名噪一时。

之后，米伦也取得过辉煌的成绩，蝉联六届，保持了近三十年奥运会角力冠军称号（公元前540—公元前512年），被人们誉为"大力神的化身"。

古代武术的繁荣

明清时期，中国武术得到了极大发展，拳械技艺进一步丰富，流派林立，迎来了蓬勃发展的大繁荣局面。

明代以来，戚继光、程宗猷、茅元仪等人，对宋代以来的武艺作了系统性的总结和整理，把原来主要是通过口传身授的武术技艺，用明确的文字与绘图记录下来，作为习练武艺的范本。到了清代，大量的武术专著纷纷问世，如吴殳的《手臂录》、程真如的《峨眉枪法》、洪转的《梦绿堂枪法》、黄百家的《内家拳法》、张孔昭的《拳经拳法备要》、苌乃周的《苌氏武技书》、王宗岳的《太极拳论》等。这些著作中包含了各类拳械的图谱、口诀、技法、拳理以及练气秘诀、养气理论等,使武术理论得到了进一步丰富和发展。

  明清时期,武术流派林立,不同风格的拳术和器械都得到了很大发展。明代拳法有三十二式长拳、六步拳、猴拳、内家拳等几十家之多;棍技有俞大猷棍、少林棍法、紫微山棍、张家棍、青田棍等;枪法有杨家枪法、马家枪法、六合枪法、峨眉枪法、少林枪法等;刀法有单刀、双刀、偃月刀等;剑法有茅元仪的《武备志》博采海外所得的二十四剑势、郑若曾的《江南经略》记载的"剑法六家";其他还有明代程子颖的《武备要略》中记载的叉、硬鞭套路等。明代的武术套路在种类、内容的丰富性和结构布局的完善严谨性上都是前代所无法比拟的。到了清代,拳术和器械的种类就更多了,仅《清稗类钞·技勇类》中就列有62种拳械,包

梅花拳

括不同拳种、器械的对练。著名的少林拳、内家拳、太极拳、八卦拳、八极拳等均形成于明清时期。

少林武术发端于嵩山少林寺僧所传习的武术。少林寺自北魏太和十九年（495 年）建寺后，陆续有慧光、圆净等人习武。十三棍僧助唐王擒获王仁则后，少林寺开始以武显名。而其真正显扬和宏大，是在明代。明代少林以棍法闻名，有小夜叉六路、大夜叉六路，均有棍谱、棍图及破法谱，还有两人练习的排棍等。明代后期，多攻拳法。入清后，不仅操练拳棍，且兼习内功，汇集易筋经、八段锦以及分行内外功等作为少林内功，少林武术逐渐成为武林中首屈一指的一大派系。

明清时期，对抗性手搏、摔跤等也有所发展。

明代朱国桢的《勇幢小品·兵器》中的"武艺十八事"中提到的白打，即手搏之戏，"能拉人骨至死，死之速迟全在手法"。清代手搏时注重以技法取胜。内家拳法有"应敌打法若干"、"穴法若干"，《拳经拳法备要》中有"走中盘"、"走边盘"，以及提、搭、剔、挽、拉等，都是实用打法。

清代还十分流行摔跤（或称布库、撩脚），分"官跤"和"私跤"两种。官跤是指善扑营或官方举行的比赛，私跤则是指民间的摔跤活动。摔跤竞技时可相拽勾绊，"劲扑于腿，而发于肩"，不许冲撞击打，以摔倒对方为胜。这种以摔为主的比赛，丰富了武术摔法的内容。

明代的武技中有花法，但更讲究"着着实用"的实战格杀技能。清代习拳练武则多兼习导引行气，讲究练意、练气，做到"神与气合、气与身合"。清代相继流传的心意六合拳、太极拳、形意拳、八卦拳等尤其注重练气，在技法上强调以意领气，以气运身，以气助力，追求意、气、劲、形四者的有机配合，在练法上强调先练气培本的锻炼顺序和内外互导的锻炼原则。民间武术家练武又兼练气，反映了民间武术逐渐转以健身为习武主旨的发展趋势。

明清时期，民间宗教和秘密结社盛行，几乎都与武术有密不可分的关系。这些民间宗教和秘密结社大都是以下层民众为主要力量，以结盟、传教、习

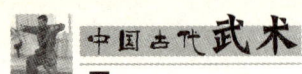

武等活动为凝聚方式，行教与习武相结合，从而成为民间武术活动的重要载体和传播媒介，如白莲教、天理教、八卦教、混元教以及天地会、义和拳等。白莲教从南宋末年开始产生，在元代和明代都曾组织过武装起义，清代时活动范围更为广泛。乾隆年间，王伦在鲁西阳谷一带，"以拳棒传授兖东诸邑，阴以白莲教诱人炼气"。乾隆年间，"义和拳"以"习拳""行教"为主要活动内容，发展组织。同义和拳相近的拳法组织还有梅花拳、大红拳、神拳、红拳等。在会党组织中，天地会会众传习拳术者颇多，尤以洪拳流行最广。八卦教习武之风最盛，不论男女，"皆习拳棒技艺"。抛开政治层面不谈，习拳练武与宗教结社相结合，在某种程度上也促进了武术的广泛传播，对武术的发展起了一定的积极作用。

知识链接

天地会盟书誓词

天地会是清代民间秘密结社之一，以拜天为父拜地为母得名，又名洪门，俗称洪帮。天地会创立的时间，有几种不同的说法，至今尚无定论。其成员，最初多为农民或由破产农民转化而成的小手工业者、小商贩、水陆交通沿线的运输工人及其他没有固定职业的江湖流浪者。以后成分日益复杂，但仍以下层穷苦人民为主。天地会以"反清复明、顺天行道、劫富济贫"等为口号，反映了当时平民的民族观念和反对阶级压迫的要求。其盟书誓词如下：

凤花亭，高溪庵，马溪庙，明主传宗，今夜歃血拜盟，结为同胞兄弟，永无二心。今将同盟姓名开列于左。本原异姓缔结，同洪生不共父，义胜

第一章 武术运动基础知识

> 同胞共乳，似管、鲍之忠，刘、关、张为义，汝（此缺数字），视同一家。今夜传教汝手路密约，上不传父母，（此缺数字）。自今既盟后，前有私仇挟恨，尽泻于江海之中，更加和好。有善相劝，有过相规，缓急相济，犯（患）正（难）相扶，我等兄弟须当循规守法，不可借势冒为，恃强欺弱，横凶作歹，故违誓约。

近代中国武术

从第一次鸦片战争（1840年）到1949年的110年里，中国武术走了一条曲折的发展道路。这一时期，军阀混战，政局动荡，各种思潮激烈交锋，以及土洋体育之争等都影响到武术的发展。从总体来看，武术仍呈发展趋势，并在当时特定的历史条件下发生了一些变化。

鸦片战争之后，随着西方火器的大量输入，冷兵器时代宣告终结，武术的军事实用价值功能逐渐弱化，中国传统的武术价值不得不加以重新界定。当时各界人士纷纷倡导"强国强种"。1904年梁启超发表《中国武士道》一书，力倡中国古代的尚武传统，以强国强民。在大批有识之士的倡导下，一些以研究和开展武术为宗旨的武术社团纷纷建立。1909年霍元甲在上海创立"精武体操学校"，1910年改为精武体育会，以"提倡武术，研究体育，铸造强毅之国民为主旨"，广罗全国武术名家，培养技击人才，融合众家之长，消除门户之见，运用多种形式传播推广武术。该会发展很快，先后在绍兴、汉口、佛山、汕头、厦门等地成立了分会，并向东南亚一带发展。除此之外，

在上海还有中华武士会、致柔拳社、武当太极拳社等30多个武术社团；在北京有北京体育研究社、中华尚武学社等20多个武术社团，其他各地还有很多，如天津的中华武士会、四川的武士会、青岛的中华武士会、山东的武术传习所等。这些新兴的民间武术社团，取代了旧式武棚、秘密结社等带有宗教色彩的武术组织，更多地向现代体育组织转化，使武术由自发、个体、小规模状态向群体、官方、大规模的社会化文化形态方面转化。

官方性质的武术组织，其中规模较大的当属中央国术馆。它是由张之江等人于1927年组建发展起来的，"以提倡武术，增进全民健康为宗旨"，其任务是"研究中国武术与体育，教授中国武术与体育，编著国术及其他武术之图书，管理全国国术事宜"。其后先后在全国24个省、市和300个县建立了国术馆，在许多区、村设立了国术社，从而形成由上而下的国术馆系统。中央国术馆曾于1928年和1933年在南京举行过两届国术国考，进行了短兵、长兵、摔跤、散手等项比赛，还举办过一些规模较大的武术表演活动，并举办过各种国术训练班，组织武术学术研究活动，还创办了《国术旬刊》，对当时武术的发展起到较大的推动作用。

19世纪末20世纪初，随着西方体育项目大量传入我国，体育在我国学校中的位置得以确立，一些学校相继在体操中增加了武术课。1915年4月，在天津召开的全国教育联合会第一次会议上，通过了北京体育研究社提出的《拟提倡中国旧有武术列为学校必修课》的议案，教育部明令各学校加授中国旧有武技，从此武术开始正式列入学校体育课程。1918年全国中学校会议决议，将《中华新武术》列为全国各中学校

武术运动会

正式体操。《中华新武术》是马良等发起并创编的,分为摔跤、拳脚、棍术、剑术四科,以传统武术动作为素材,借鉴兵式体操的操练方法分段节地配以口令,适宜于团体操练。1923年,教育部正式将体操课更名为体育课,在公布的《中华体育课程标准》和《大学体育课纲要》中,规定了国术为必修课,而且拳种和器械套路也进一步增多。武术进入学校,教学趋于系统化,这改变了传统武术师徒相承的传授方式,拓宽了武术传承的领域,提高了武术教育的价值功能,更便捷地促进了武术的普及。

随着近代体育项目的广泛开展,武术逐渐步入运动竞技场。1907年于南京举行的江南第一届联合运动会上,武术竞赛项目有击剑、刺枪及柔术三项。1910年10月,在第一届全国运动会上,武术被列为正式比赛项目。在1924年举行的第三届全国运动会上,武术套路成为表演项目,并制定了按手、眼、身、法、步等技法进行评分的简单规则。在1933年和1935年分别在南京和上海举行的第五、第六届全国运动会上,均设立了男子组和女子组国术锦标赛。在全国运动会的影响下,全国各大区、省、市也相继举办了体育运动竞赛,其中都有武术表演和比赛项目。

这一时期,专门的武术运动会也已出现。1923年于上海举行的"中华全国武术运动会",是中华武术史上第一次武术单项运动会,有16个单位共400名选手参赛,分团体、单练、对手三种形式,100多个竞赛项目,采用了近代体育竞赛的形式,改变了以往庙会献技打擂式的传统竞赛形式。此后,还于1929年在杭州举办了国术游艺大会,1930年在上海举办了国术比赛。武术进入运动竞技场,尽管竞赛规则还比较粗放,仍不失为近代武术的一大发展。

1936年8月,第11届奥运会在德国柏林举行,由11人组成的中国武术队前往表演。表演项目包括太极拳、拳术、器械的单练和对练,长达一小时,博得万余观众的热烈赞誉。随后,武术队应邀到法兰克福和慕尼黑进行表演,反响都十分热烈,不少项目都要返场表演两三次,尤其是空手夺枪常常要返场五六次。每次表演后,都有不少人要求签名留念。武术队的表演向世界体

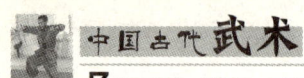

坛展示了中国武术，揭开了近代武术对外交流的序幕。

现代中国武术

中华人民共和国成立后，武术成为社会主义文化和人民体育事业的一个重要组成部分，得到了蓬勃发展。

1950年，中华全国体育总会召开了武术座谈会，倡导发展武术运动。国家体委成立后，为了推动武术及民族体育的发展，于1953年在天津举行了全国民族形式体育表演及竞赛大会，武术成为这次大会的主要内容。1954年，各大高校的体育院系开始把武术列入正式课程。1956年，中国武术协会在北京成立，武术被正式定为表演项目，并在北京举办了由12个单位参加的武术表演大会，开始试行打分的评比方法。1957年，新中国第一次把武术列为国家体育竞赛项目，之后，每年都举行全国性的武术比赛和表演。

1958年，国家体委制定了第一部以长拳、太极拳、南拳为竞赛内容的《武术竞赛规则》。自1960年起，各省、自治区、直辖市相继成立了武术运动队。此外，业余体校增设了武术班，大、中、小学也都把武术列为体育教学的必修内容。与此同时，传统武术的研究整理工作也有所进展，从20世纪50年代中期至"文化大革命"前，国家体委有关部门组织部分武术工作者研究、整理、出版了太极拳、长拳和刀、枪、剑、棍等相关书籍，1961年还编写了高等院校体育系《武术》一书作为通用教材。

在"文化大革命"中，刚刚开始复兴的武术事业遭到了严重摧残。直到1972年以后，武术同其他一些体育项目才开始逐渐恢复，全国性的武术比赛和表演也纷纷开始举办。1972年11月在济南举行了全国武术表演大会，表演项目达1000多个，包括各种拳术和器械的单练、对练以及集体基本功的表演。套路自选项目在结构、难度、腾空和跳跃上都有了较大的突破，在比赛中突出了速度和节奏，技术上也有了新的发展。1974年8月，在西安举行了

全国武术比赛大会。1975年9月，在北京举行了第三届全国运动会武术比赛，大会设规定拳、规定枪、自选拳、自选器械、自选表演项目等五项，按团体、全能、单项和集体表演进行。

1976年10月，粉碎"四人帮"以后，我国体育事业经拨乱反正，迅速恢复，武术开始出现新的局面。1977年与1978年，先后在内蒙古、湖南湘潭举行了全国武术比赛，以套路为主的竞赛项目的技术水平有了较大提高，武术运动得到进一步发展。

党的十一届三中全会以后，我国传统武术进入了一个蓬勃发展的新阶段。

1979年，国家体委发出了《关于发掘整理武术遗产的通知》，组成了武术调查组到13个省、市进行了较为广泛的考察。同年5月，围绕传统武术的挖掘与整理，在广西南宁举行了全国武术观摩交流大会，表演了各种流派的武术达510项，其中有一些是消失多年的拳种，技击对抗项目的散手、短兵也在大会上做了初次表演。后来连续三年举行的全国武术观摩交流大会，使挖掘整理武术遗产活动取得了丰硕的成果。经过几年的努力，在全国查明的源流有序、拳理明晰、风格独特、自成体系的拳种有129个，录制了394.5小时的录像带，共征集到的文献资料达482本、古兵器392件、有关珍贵实物29件。这些都对武术事业的发展产生了重大影响。

1979年以前，我国的武术竞赛基本上是以套路为主的单一竞赛形式，后来竞赛体制开始发生变化。1979年3月，国家体委决定将散手列为试验项目。1980年，在初步形成散手竞赛规则后，在北京举行了首届全国武术对抗项目表演赛。经过七届表演赛试验，国家体

武术馆

委于1989年颁布了《武术散手竞赛规则》，并开始正式举办全国武术散手擂台赛。1990年又颁布了《武术散手运动员技术等级标准》。全国武术散手擂台赛的举行，标志着一个以武术套路及武术散手竞赛为基本框架的新的全国武术竞赛制度的产生，从而改变了以往只搞套路的单一竞赛制度，大大丰富了武术的竞赛内容。

武术的发展加速了武术竞赛制度的完善，逐渐形成了以甲、乙级队团体、个人锦标赛，少年"武士杯"比赛，太极拳、剑和推手赛等为主要形式的竞赛制度，与以武术馆、校为对象以及民间传统武术内容的竞赛一起，构成了较为完善的全国武术竞赛制度，基本上满足了不同年龄、不同层次水平、不同兴趣爱好的人们的需要。

20世纪80年代以来，群众性的武术活动蓬勃开展，各种形式的武术馆、站、社、校等相继成立，形成了一个个宣传、传播、推广武术，组织群众开展武术活动的广阔而坚实的基地。据不完全统计，当时全国各种形式的武术馆、站、校达万余个，入校习武的青少年有几百万人；各种形式的辅导站、教拳点也是数以万计，全国参加武术活动并以武术作为健身主要手段的人数约6000万人。从1992年开始，国家体委在全国范围内开展了评选"武术之乡"的活动，更进一步推动了群众性武术活动的开展。

与此同时，学校武术教育也呈现了一派生机，大、中、小学都把武术列为体育课的重要内容，在校园内掀起了一股武术热。1992年在武汉举行的

世界武术锦标赛

大学生运动会上，首次将武术列为正式比赛项目，使学校武术教育从单一的课程教学向多形式、多渠道、多层次发展。自1989年开始，体育院校单独设立了武术专业，以教育学、人体科学、武术为主干学科，把武术理论基础、中国武术史、内功养生学、伤科与按摩、体育手段与方法等列为主干课程，招收了本科生，授予学士学位。自1979年起，各体育院系恢复招收武术硕士研究生。硕士学位的设置，使武术成为培养高层次专门人才的学科，这对武术的发展具有重要的历史意义。

伴随着武术运动的蓬勃发展，关于武术的科学研究工作越来越显得重要和迫切。1987年6月，中国体育科学学会武术学会在北京成立，湖南、宁夏、江苏等省也先后成立了省武术学会。在此期间，中国武术研究院多次举办了武术学术研讨会，系统地对武术进行了研究。自1981年以来，先后创刊了《武林》、《中华武术》、《武术健身》、《精武》、《少林与太极》、《武魂》、《武当》等武术专业刊物。武术刊物、武术理论著述的不断增多，对武术的学术研究、交流，以及党的武术方针政策的宣传做出了积极的贡献。

随着我国对外开放形势的进一步发展，武术正在逐步走向世界，吸引了一大批世界各国的武术爱好者，越来越多的国家和地区兴起了武术运动，成立了武术团体。1985年11月在意大利成立了欧洲武术协会，1987年9月在日本横滨成立了"亚洲武术联合会"。1990年，国际武术联合会在北京正式成立，并规定每两年举行一次世界武术锦标赛。在举世瞩目的1990年北京亚运会上，武术被列为正式比赛项目。1994年9月，在日本广岛举办的第12届亚运会上，中国武术队获得五枚金牌。

中国武术的国际交往也日益频繁，中国武术代表团先后赴美国、日本、英国、法国、东南亚各国以及非洲等40多个国家进行了访问表演，并派出教练员援外教学；到中国来学习武术的团体和个人也络绎不绝。武术越来越受到世界各国人民的重视和欢迎，中国武术正一步步走向世界。

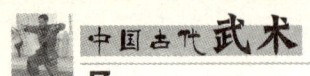

知识链接

军体拳

军体拳是由拳打、脚踢、摔打、夺刀、夺枪等格斗动作组合而成的一种拳术。经常开展军体拳训练，对培养军人坚韧不拔、勇敢顽强的战斗作风，具有重要意义。

经总参军训部批准，军体拳1989年已列入中国人民解放军《体育训练教材》。在全军推广的军体拳共有三套。第一、第二套各有十六个动作，第三套有三十二个动作。

第一套

第一套军体拳的主要特点是由格斗的基本功和基本动作组合而成的套路练习，它动作精练，有技击含义，有一定锻炼价值，有防身自卫作用。

第二套

第二套军体拳主要是由摔打、夺刀、夺枪、袭击等格斗基本动作所组成的套路练习。动作精练适用，每一个动作都是"一招制敌"，能保护自己，同时能锻炼身体，增强体质。

第三套

第三套军体拳除具有第一、第二套的特点外，还有长拳舒展大方，动作灵活迅速有力，节奏明显的特点，又有南拳步稳、势烈、动作刚劲有力的特点。动作数量等于第一、第二套的总和，运动量也较大，动作较复杂难度大，都有技击含义，不但能锻炼身体，又是克敌制胜的有效手段。

第二章

中国武术流派

　　由于历史发展和地域分布的关系,中国武术衍生出不同门派,它们往往带有强烈的文化特征及人文哲学的特色、意义,对现今中国的武术文化有着深远影响。本章主要介绍几个著名的武术流派的形成与演变历程。

第一节
五花八门的拳种

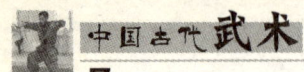

中国武术门派、套路众多。据人民体育出版社1985年出版的习云太的《中国武术史》统计,拳种部分有46节计75种,器械部分有27节,可见其众多纷繁。中国武术拳种、流派灿若星辰,共同构成了中国武术文化的大观园。

从有组织、有机构的角度来说,武林集团表现为门派;从武术的师承、特点的角度来说,武林集团表现为拳种及套路。

门派有更强的社会性,拳种、套路有更强的技艺性。这是两个从不同角度归纳出来的武林集团概念,既相互包容,又相互交叉。

本节主要介绍一些形形色色的拳种。

以佛圣道仙、神魔鬼怪命名的拳种

以此命名的拳种有:

神拳、七星访友拳、夜叉巡海拳、夜叉铁砂掌、二郎拳、韦驮拳、八仙拳、大圣拳、天罗拳、地煞拳、六星拳、金刚拳、佛教拳、罗汉拳、哪吒拳、观音拳、佛汉拳、金刚锤、二十八宿拳、四仙对打拳、罗汉螳螂拳、金刚三昧掌等。

以"门"命名的拳种

以此命名的拳种有：

红门拳、法门拳、鱼门拳、余门拳、硬门拳、空门拳、孔门拳、风门拳、鸟门拳、火门拳、水门拳、字门拳、严门拳、熊门拳、自然门拳、佛门拳、窄门拳、孙门拳、引新门拳、罗汉门拳、磨盘门拳、水浒门拳等。

以姓氏命名的拳种

以此命名的拳种有：

孙家拳、邹家拳、高家拳、刘家拳、蔡家拳、李家拳、莫家拳、巫家拳、薛家拳、岳家拳、赵家拳、杜家拳、周家拳、祈家拳、温家拳、戚家拳、洪佛拳、岳家教、钟家教、刁家教、李家教、朱家教、陈氏太极拳、杨氏太极拳、武氏太极拳、孙氏太极拳、吴氏太极拳、蔡李佛拳、岳氏连拳、罗家三展、杨家短打、胡氏戳脚、郝氏戳脚、林氏下山拳、武氏十八技等。

以人名命名的拳种

以此命名的拳种有：

咏春拳、武子门拳、岳王锤、神行太保拳、太白出山拳、燕青巧打拳、燕青拳、太祖拳、珠娘拳、纯阳拳、达摩拳、玄女拳、武侯拳、五郎拳、文圣拳、五祖拳、南枝拳、子龙炮拳、太祖散掌、三皇炮锤、孔朗拜灯拳、武松脱铐拳、刘唐下书拳、武松独臂拳、达摩点穴拳、甘凤池拳法、黄啸侠拳法、燕青十八翻、罗王十八掌、孙二娘大战拳、达摩十八手、武松鸳鸯腿拳、

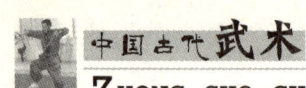

孙膑拳、宋江拳、白眉拳等。

以地名命名的拳种

以此命名的拳种有：

少林拳、武当拳、峨眉拳、潭腿（山东临清龙潭寺）、崆峒拳（分五大门：飞龙门、追魂门、夺命门、醉门、神拳门）、梅山拳、灵山拳、东安拳、石头拳、水游拳、昆仑拳、关东拳、关西拳、龙门拳、登州拳、西凉掌、太行意拳、洪洞通背拳等。

以动物命名的拳种

以此命名的拳种有：

1. 龙拳：包括龙形拳、龙桩拳、龙化拳、行龙拳、飞龙拳、火龙拳、青龙拳、飞龙长拳、青龙出海拳等。

2. 虎拳：包括虎形拳、黑虎拳、青虎拳、白虎拳、饿虎拳、猛虎拳、飞虎拳、伏虎拳、五虎拳、八虎拳、虎啸拳、回头虎拳、侧面虎拳、车马虎拳、隐山虎拳、五虎群羊拳、工字伏虎拳、虎豹拳、虎鹤双形拳等。

3. 鹤拳：包括白鹤拳、宗鹤拳、鸣鹤拳、飞鹤拳、食鹤拳、饱鹤拳、饿鹤拳、五祖鹤阳拳、永春白鹤拳、独脚飞鹤拳等。

4. 狮拳：包括狮形拳、金狮拳、狮虎拳、二狮抱球拳等。

5. 猴拳：包括猿功拳、猿形拳、猿猱伏地拳、白猿短臂拳、白猿偷桃拳等。

6. 螳螂拳：包括硬螳螂拳、秘门螳螂拳、八步螳螂拳、梅花螳螂拳、七星螳螂拳、摔手螳螂拳、六合螳螂拳、光板螳螂拳、玉环螳螂拳等。

7. 其他：包括蛇拳、豹拳、象拳、马拳、彪拳、狗拳、鸡拳、鸭拳、鹞

子拳、燕形拳、大雁掌、蝴蝶掌、龟牛拳、螃蟹拳、灰狼拳、黄莺架子、鸳鸯拳等。

以日常杂物命名的拳种

以此命名的拳种有：

巾拳、船拳、钟拳、板凳拳、裤子拳、扇拳、伞拳、花拳、云帚拳、脱桔拳、百花拳、梅花拳、沾衣拳、衣衫母拳、三战铁扇拳、莲花拳、螺旋拳、山门拳、白玉拳、汤瓶拳、三十六合锁等。

以手法命名的拳种

以此命名的拳种有：

罗汉十八手、二十四路破手、三十六闭手、七十二插手、插拳、截拳、挂拳、挡拳、扎拳、套拳、穿拳、撕拳、翻拳、撂挡拳、撞打拳、通臂拳、杀手掌、炮拳、罩掌、剑手、短手、五手拳、应手拳、捏手拳、合手拳、封手拳、练手拳、拦手拳、劈挂拳、反臂掌、字手、十字手、排子手、万古手、黄英手、八黑手、锦八手、照阳手、金枪手、天罡手、地煞手、四门重手、分手八快、咬手六合拳、盖手六合拳、九宫擒跌手等。

以步法、腿法命名的拳种

以此命名的拳种有：

1. 腿法：包括弹腿、暗腿、踔腿、截腿、连腿、戳脚、掘子腿、溜脚式、九宫十八腿、进步鸳鸯连环腿、十字腿拳等。

2. 步法：包括四步拳、六步拳、八步拳、练步拳、穿步拳、顺步捶、腰

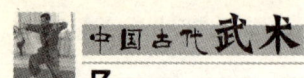

步捶、挡步捶、涌步捶、乱八步、三步架、五步打、八步转、十二步架、六步散手、溜脚架子、连环鸳鸯步、鹿步梅花桩、八步连环拳、少林二十八步等。

地躺拳类

地躺拳类包括：

地躺拳、地躺八仙拳、金刚地躺拳、地行拳、地功戳脚、地功翻子、地功罗汉拳、活法黄龙拳、少林地龙拳、地功鸳鸯拳、飞龙地躺拳、九滚十八跌等。

醉拳类

醉拳类包括：

八仙醉、醉八仙拳、文八仙拳、武八仙拳、大八仙拳、混八仙拳、清八仙拳、水游醉、醉溜挡、醉罗汉拳、少林醉拳、形式八仙拳、罗汉醉酒拳、太白醉酒拳、武松醉跌拳、燕青醉跌拳、石秀醉酒拳、鲁智深醉打山门拳等。

跌打拳类

跌打拳类包括：

跌扑拳、沾跌拳、沾衣十八跌、武松混打拳、武松脱铐拳、水浒连环拳等。

此外，各地的著名拳种还有：形意拳（心意六合拳）、大成拳（意拳）、八卦拳、八卦掌、八极拳、六合拳、查拳、华拳、红拳、节拳、绵掌、绵拳、

太虚拳、二郎拳、大悲拳、功力拳、石头拳、连城拳、两仪拳（太极快拳）、独臂拳、疯拳、埋伏拳、迷踪拳、缅拳、缠丝拳、磋跤拳、曦阳掌等。

器械套路类

著名的器械套路有：八门金锁刀、八卦刀、六合刀、日月乾坤刀、少林双刀十八滚、太极刀、梅花刀、八卦大枪、六合枪、月牙枪、梅花枪、六合剑、太极剑、纯阳剑、八仙纯阳剑、武当剑、青萍剑、袁氏青萍剑、杨氏青萍剑、贾氏青萍剑、九州棍、六合棍、河州棍、达摩棍、日月乾坤圈、达摩杖等。

从这些武林门派、拳种、套路中，对照侠文化的武功追求，有两个意义：一是从中可以看到侠文化武功的历史和现实中的渊源；二是可以看到侠文化武功中的想象成分及其与现实的差距。了解这些，对于武侠文化与武术的进一步理解和鉴赏，是有很大意义和价值的。

知识链接

疯拳

疯拳手法极少直线运动，全靠旋转发力，出手而不收，以拳化掌，以掌变肘，灵活交替，变幻莫测。疯拳模拟疯人神态，或痴、或呆、或狂、或躁、或惊、或悲、或喜。疯拳奇勇内敛，静心重守，气运丹田，神清目明，暗藏杀机。

第二节
中国武术流派

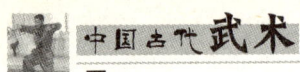

中国武术究竟有多少拳派，多少套路，至今没有人能说得清楚。我国历史悠久，幅员辽阔，各地区之间经济文化发展很不平衡，风俗民情也略有差异，所以各地区之间的武术风格也常常是各具特色，互不重复。

武术是一种文化形态，它不可避免地要受到地域因素的影响，又由于它基本属于纯粹的民间文化，所以一直保留着原始古朴的风貌，没有受到外来文化的影响。

中国武术的主要流派都是从地域性文化派生出来的。我们把这些主要流派称为"拳系"，每一个拳系中又包括若干个拳种。

中国武术至少有七大拳系，即少林、武当、峨眉、南拳、太极、形意、八卦。一些少数民族还有自己独特的武术，有些无法包容在这七大拳系之内。此外，中国武术还包括跤术，在汉、回、蒙古、满等民族中流传很广，蒙古族跤术更是独具一格。跤术的基本规则是双方要互相抓住，与拳术颇有不同，所以也无法包容在拳系之内。

少林派

俗话说："天下武功出少林。"驰名中外的嵩山少林寺，就是少林武术的发源地。少林是中原武术中范围最广、历史最长、拳种最多的武术门派，以出于中岳嵩山少林寺而得名。

据北宋《景德传灯录》等书所载，南北朝北魏孝文帝太和年间（477—499年），达摩大师从梁国北来，在嵩山少林寺面壁修行，历时九年而功成，遂传《易筋》、《洗髓》二经，创立少林武术。这个说法，为多种典籍所载，唐代李靖还写了《易筋经序》，但经现代学者研究证明，这不过是个传说，没有任何历史依据。

其实，在历史上，在达摩出现以前，北朝寺院的练武风气就已形成。北魏孝文帝太和十九年（495年）修建嵩山少林寺，最初是为西域高僧跋陀（又称佛陀）所建的，达摩是在此之后才来到寺中的。达摩虽然创立了禅宗，却并非少林武术的创始人。事实上，少林武术是僧众在长期习武过程中逐渐自发形成的。

少林武术的发扬光大。始于隋唐之际的一件大事。隋朝末年，天下大乱，战乱不断，少林寺也被山贼所劫。少林僧众奋起拒敌，贼人一把火烧毁了寺院。时值秦王李世民与郑帝王世充作战，少林武僧应邀相助，活捉王仁则，逼降王世充，这就是著名的"十三棍僧救唐王"的故事，也是著名电影《少林寺》的历史原型。李世民登基后，对昙宗、志操、惠赐、善护、普惠、明嵩、灵宪、普胜、智守、道广、智兴、僧满、僧丰等13人大加赏赐，并下令重修少林寺，少林寺得以再度兴旺起来，少林武术也开始繁荣发达，逐渐成为中原武林第一门派。

从宋到元，少林武术有了一个较大的发展。据传就连宋太祖赵匡胤也是少林俗家弟子。自元代大圣紧那罗王传授少林棍法而自成一宗，富裕禅师汇

中国古代武术
ZHONG GUO GU DAI WU SHU

少林寺

集了少林短打，少林武术的特点日渐突出，到明代便形成了少林"以搏名天下"的赫赫威名。明嘉靖二十三年（1553年），少林寺组织僧兵到江南抗倭。天启五年（1625年）立"少林观武碑"，少林寺遂成为天下武林之宗。明代的著名武僧，有觉远上人、小山和尚、月空和尚、痛禅上人等，又有悟须、周友、周参、洪转、洪纪、洪信、普从、普使、广按、宗擎、宗想、宗岱、道宗、道法、庆盘、庆余、同贺、铉清等18人，均为武林中的超一流高手。明代以后，少林武术渐从以棍法为主转向拳法，又吸收了很多民间拳种，集天下武术之大成，最终形成了少林派。

明末清初之际，少林寺广泛汲取了北方许多拳派的精华，又学习了福建的棍术和四川的枪术，在本寺武功的基础上加以融会提炼，终于形成了内容博深、技艺精湛的少林拳系，全面取得了武术正宗的崇高地位。清代的少林名僧高手有铁斋、致善、致果、天虹、湛举、五枚、古轮、妙兴、贞续、德

根等。同时，由于少林武功的名气越来越大，北方的不少拳派也托名少林以自重。这样，少林拳系实际上就涵盖了中国北方地区的几乎所有的武术门派，少林武术也就成了中国北方地区武术的总称。

由此可见，少林派不只是少林寺的功夫，而是以少林寺武术为代表的整个外家功夫的集大成者：一方面是少林寺僧从民间引进不少拳术，另一方面是少林寺也招收俗家弟子，使少林武术流传民间。同时，少林派还在各地广设分院，自隋唐之际创立福建莆田九连山少林寺分院（即南少林）以来，元代福裕禅师在外蒙和林（今蒙古国前杭爱省哈拉和林）、天津蓟县盘山、长安、太原、洛阳分别创立五座少林寺，再加上山东九顶莲花山、台湾八番社、四川峨眉山，一共是十座少林寺，这样就把少林功夫传遍了全国各地。

在少林寺的九个分院中，以南少林地位最为重要。南少林又是南拳之祖，以五拳为主要拳法，有"龙拳练神、虎拳练骨、豹拳练力、蛇拳练气、鹤拳练精"之说，又有南拳一路闯少林、二路提卢少林、三路文少林、四路拗步少林、五路武少林、六路神化少林等套路。

少林支派众多，有"三大家"、"四大门"之说。"三大家"分别是红家少林、孔家少林、俞家少林，"四大门"分别是大圣门、罗汉门、二郎门、韦驮门。其他如六合拳、八极拳、劈挂拳、通臂拳、沙脚拳、戳脚拳、地趟拳、太祖拳、燕青拳、猴拳、螳螂拳、华拳、查拳、弥宗拳、动力拳、明堂拳、洪拳、翻手拳、醉拳、咏春拳等，也大都是从少林武术中发展出来的。少林拳的套路也有很多，光是拳术，据说就有172种之多，有小洪拳、大洪拳、朝阳拳、观潮拳、炮拳、通臂拳、梅花拳、长锤拳、太祖长拳、黑虎拳、形意拳、罗汉拳、六合拳以及"少林七十二绝技"等。棍法、枪法、刀法也是少林武术的大宗，各有数十种套路。剑术则有二堂剑、五堂剑、龙形剑、飞龙剑、白猿剑、刘玄德双剑、达摩剑、绨袍剑等。其他还有方天戟、三股叉、钢鞭、月牙斧、梅花拐等数十种兵器，以及心意把、虎扑把、游龙飞步、丹凤朝阳、十字乱把、老君提葫芦、仙人摘茄、叶底偷桃、脑后砍瓜等一百多种散打拳法，卸骨法、擒拿法、点穴秘法、弹弓谱、易筋经义、用药法等各种技法，五花八门，令人眼花缭乱。

传说当日达摩祖师见众僧坐禅，神态萎靡不振，久久难以入定，有碍佛法。达摩细究其由，发现乃是因众僧体弱所致，于此悟到修习佛事必先强健体魄，因效鸟兽神态创立各种拳法。因此，少林武功的特点，首要之点即为调呼吸，练百骸，进退敏捷，刚柔兼济，而尤以刚为主，以攻架为主，以长手为主。这是少林武功的要旨所在。

知识链接

十三棍僧救唐王历史真相

唐高祖武德四年（621年）春天，李世民以太尉、尚书令、陕东道益州道行台、雍州牧、左右武侯大将军、使持节、凉州总管、上柱国、秦王等身份督军与王世充作战，进行他建立伟大的唐王朝之前的统一战争。二月份的时候，王世充已经兵败如山倒，但是因为窦建德率兵十余万增援，战局暂时变得复杂起来。当时的战场主要在洛阳附近，在洛阳与少林寺之间有一个"辕州"，原称柏谷坞，是隋文帝赐给少林寺的庙产，在寺西北五十里处，因其地势险要，属兵家必争之地，王世充将之据为己有，作为军事要塞，让侄子王仁则据守，自己拥兵于与之不远的洛阳，互相呼应支援，以抗拒唐军。四月二十七日这一天，少林寺的和尚联合王仁则手下的辕州司马赵孝宰，里应外合，抓住了王仁则，将之送给了唐军；三日后，李世民派官员至寺颁赏——赐地（即柏谷坞）四十顷，水碾一具。

> 这就是"十三棍僧救唐王"的历史真相。没有刀光剑影,没有画角悲鸣,没有血流漂橹,没有美女爱情,平淡如水,简单无奇,几乎让人难以置信。如果说有可能出现刀光剑影和生死搏斗的话,那个情节只能是在捉拿王仁则的过程中。到底当时有多少少林僧人参与了行动,他们的武功如何,都没有任何资料可为凭据,我们现在所看到的都是后人的想象与传说。

武当派

在中国武林中,一向有"外家少林,内家武当"之说。少林与武当,可谓双峰并峙,各有千秋。少林为外家之祖,武当为内家之宗。

武当派据传为宋人张三丰所创。据说张三丰是北宋末年武当山的道士,宋徽宗召他入京传道。半路上张三丰为贼人所擒,当晚于睡梦中得元帝(元始天尊)授其拳法。第二天,张三丰孤身杀贼百余人,遂创立内家拳派。

还有的传说张三丰原本出自少林,精通少林精髓五拳十八式,将其统纳于十段锦长拳之中,变战斗搏击之法为御敌防卫之法,风格遂与少林大为不同,因此别树一帜,开创了武当门派,后又演变出太极、形意、八卦等支派。金庸的武侠小说《倚天屠龙记》写到武当开派,便采用了这种说法。

历史上确有张三丰其人。张三丰,本名张全一,又名张君宝,三丰是他的道号,因为不修边幅,又被称作邋遢道人。关于他的生活年代,则是各有说法,有的称他为宋人,有的称他为金人,也有说他是元人、明人的。大概因为他在道教传说中十分有名,这才被抬出来作了武当派的祖师爷。这种说法,显然只是武当派为了神化自己,并非真实的历史。但明英宗曾赐号"通

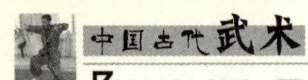

微显化真人",明宪宗特封号为"韬光尚志真仙",明世宗赠封他为"清虚元妙真君",是确有历史记载的。

武当派的正式流传,大约开始于明代。武当山虽在唐代时就开始建造道观,但真正的兴盛时期却是在明代。明成祖朱棣登基,推崇武当道教,调集民工30万人,用了13年时间,在武当山修建了33处建筑群,号称九宫、八观、三十六庵堂、七十二岩庙、十二祠、十二亭、三十九桥等,绵延140公里。整体建筑格局均依经书上的真武修仙故事,由工部设计而成。至今武当山紫霄宫正殿梁上仍有大明永乐十一年(1413年)、十二年(1414年)圣王御驾敕建的字迹。三天门绝壁上则有"一柱擎天"四个大字,蔚为壮观。天柱峰顶太和宫又称金殿,殿中供奉张三丰铜铸鎏金坐像。武当道教的黄金时代从这时开始,武当的武术门派,也是在这个时期才真正产生的。

清代初期,武当拳曾在宁波一带流传,出现了张松溪、叶近泉、单思南、王征南等高手。黄宗羲的儿子黄百家(字主一)就是王征南的弟子。

张松溪之后,武当派人才济济,产生了一大批武林高手。他们是:叶继美、吴昆山、周云泉、单思南、陈贞石、孙继嗟、李天目、徐岱岳、余时仲、吴七郎、陈茂宏、卢绍歧、董扶舆、夏枝溪、柴元明、姚石门、僧耳、僧尾等人。

由于武当派极秘其技,择徒甚严,又向来不爱炫耀,所以武当拳的流传并不广。黄百家之后,武当拳似乎突然消失,人们多以为失传,实际上并非如此。

大约在明代中期,武当拳分为两支,一支留在本山,一支据说由张松溪南传至四川。晚清光绪年间,武当山道士的后人邓钟山又在江苏江宁(今属南京市)开堂授徒,于是武当拳又东传至江苏。四川、江苏两支至今繁盛。留在武当山的一支也未失传,至今武当道士仍然保持着练武传统。

武当派的拳术套路,有太极拳、无极拳、鹞子长拳、猿猱伏地拳、六步散手、武当太乙五行拳等。武当派的内功,有"洗髓金经"六式(金狮夺毛、

第二章 中国武术流派

武当功夫

凤点头、风摆荷叶、左缠金丝、右缠金丝、刀劈华山）等。武当派的器械，首推武当镇山之宝武当剑，又有白虹剑、太极剑、六合枪、六合刀、松溪棍等。武当派的阵法，在武侠小说中，常常提到的有九宫八卦阵、三才剑阵等。

武当派的功法特点是强筋骨、运气功。强调内功修炼，讲究以静制动，以柔克刚，以短胜长，以慢击快，以意运气，以气运身；偏于阴柔，主呼吸，用短手。道士们过的是与世无争的清静生活，所以练武当拳的目的在于自卫，除非遇到危急情况不许动手，而一旦动手，则是柔中有刚，软里藏硬，化劲用柔，发劲用刚，具有较大的威力。

武当功法，讲究"练手者三十五、练步者十八"，又有所谓七十二跌、三十五掌、六路十八法、十二字、存心之五字等。

武当出自道家，中华本土的色彩极浓。武当功夫源于道家，老子讲"一"、讲"道"，庄子讲"广莫之野"、讲"逍遥游"，使武当功夫有较浓的想象色彩和审美意蕴，招式的表现也很有诗意

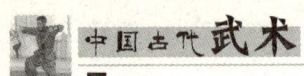

武当的支派有松溪派、淮河派、神剑派、铁松派、龙门派、功家南派、玄武派、北派太极门等。至于太极拳、形意拳、八卦拳等，因其出自道家，人们常常将它们归入武当派，也有人认为它们自成体系。

就目前影响而言，武当拳系远不如少林拳系，是七大拳系中影响较小的一个。

峨眉派

峨眉派与少林、武当共为中土武功的三大宗，也是一个范围很广泛的门派，尤其在西南一带很有势力，可说是独占鳌头。

峨眉派也是因山得名。我国从明代开始有峨眉派的记载，明代中叶人唐顺之（1507—1560年）的《荆川先生文集》里，有一首《峨眉道人拳歌》：

忽然竖发一顿足，崖石迸裂惊沙走。
来去星女掷灵梭，天矫天魔翻翠袖。
翻身直指日车停，缩首斜钻针眼透。
百折连腰尽无骨，一撒通身皆是手。
余奇未竟已收场，鼻息无声神气守。
道人变化固不测，跳上蒲团如木偶。

真是静如处子，动如脱兔，倏忽神奇，变化万千！

关于峨眉派的起源，据峨眉派的拳志记载：

祖师原为一道姑，后入佛门……是时，师善技击，善研各家拳法，虑各家拳法繁杂，莫衷一是，女子御侮，多有不同，遂探各家之拳意，另辟蹊径，创不接手之拳法，独树一帜……

积十三年，始臻大成。身旁弟子习之，呼之玉女拳法，同道相誉，称曰峨眉拳，后弟子至峨眉山，偶谐其音，始称峨眉。此拳名只始末也，恐汝不识，为汝志之。师本与世无争，娱身可矣，御侮可矣，奚传姓名。

由此可见，峨眉最初是一个由女子所创的武林门派，开始的时候叫做玉女拳法，后因祖师入了佛门，又以称女子为"峨眉"和佛教圣地之"峨眉山"的双重含义而得名。

历史上的峨眉武术起源于先秦时期。峨眉武术创始人是先秦时期的武师司徒玄空（名白衣三，号动灵子），因其曾模仿峨眉山白猿的形态创造了白猿剑法（即猿公剑法）与白猿通臂拳，又称白猿公。峨眉派武术成型的时代是南宋，代表人物为峨眉山白云禅师和白眉道人。

佛教自晋代进入峨眉山。宋朝以后，峨眉山更成为普贤菩萨的道场，是我国四大佛教名山之一，僧人甚多，其中有相当一部分僧人日常习武。南宋建炎年间，峨眉山白云禅师将阴阳虚实和人体盛衰之机理，与武术中的动静功法相糅杂，相融合，创编出"峨眉气桩功"，因其类共有十二节，后人称之为"峨眉十二桩功"。"峨眉十二桩功"一直传承至今。

峨眉派功法介于少林阳刚与武当阴柔之间，亦柔亦刚，内外相重，长短并用，攻防兼具。峨眉拳经上讲："拳不接手，枪不走圈，剑不行尾，方是峨眉。""化万法为一法，以一法破万法。"总之是以弱胜强，真假虚实并用，融汇了南拳、少林、武当等众家之长。

峨眉派武功有所谓"动功十二桩"——天、地、之、心、龙、鹤、风、云、大、小、幽、冥；又有所谓"静功六大专修功"——虎步功、重捶功、缩地功、悬囊功、指穴功、涅槃功；有"三大器械"——剑法、簪法（峨眉刺）、针法（暗器）。

峨眉派的绝技，不仅包括三十六式天罡指穴法，还有峨眉剑法，其剑歌是这样的：

玉女素心妙入神，残虹一式定乾坤，身若惊鸿莺穿柳，剑似追魂不离人。临敌只须出半手，纵是越女也失魂。峨眉派的剑法和簪法，姿势优美而威力十足，也是峨眉的绝技。

峨眉派的分支，据清初《峨眉拳谱》上说：

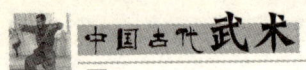

一树开五花，五花八叶扶，

皎皎峨眉月，光辉满江湖。

其中，"五花"是从地域角度所分的五大支派：

(1) 黄陵派，据说从陕西流入。

(2) 点易派，以川东涪陵点易洞而得名。

(3) 青城派，以川东道家圣地青城山得名。

(4) 铁佛派（云顶派），川北较为盛行。

(5) 青牛派，以川东丰都青牛山而得名。

"八叶"是从技击风格角度所分的八派：

(1) 僧门，据说传自少林僧人，故名。又称"申门"。特点是巧、快、灵、动，如猢狲状，别名"狲门"。

(2) 岳门，据说由岳飞所传，特点是矮桩，手法不划圆不成拳。

(3) 赵门，据说为赵匡胤所传，借鉴少林派太祖长拳（据说也是赵匡胤所传）等拳法，特点是高桩。又因习练红拳，称为"红门"。

(4) 杜门，以传说中诸葛亮八阵图之"杜门"而得名，一说拳法传于自然门杜观印。特点是封锁严密，善于防守。

(5) 洪门，相传以明太祖洪武年号而得名。习练大、小洪拳，特点是刚劲。

峨眉武术健身

(6) 化门，又称"蚕闭门"、"缠闭门"，三十六闭手如春蚕吐丝，绵绵不断，紧封敌手，使其不能施展。

(7) 字门，又称"智门"，因收势摆成字形而得名，特点是高桩长手，起伏大。

(8) 会门，又称"慧门"，

以神拳为代表，讲究观师默像，念咒语，颇为神秘。

峨眉派总因有女性因素在内，所以其特点在于亦刚亦柔，如玉树临风，是诸家武术中姿态最为优美的一种。有诗为证：

绝艺惊人侠士风，千年击技古今同。

堪开玄理树新帜，悟透禅机弃旧功。

假身玉女虚是实，真谛峨眉有非空。

诸家应复昔时而，妙处良然在个中。

知识链接

峨眉功夫中的女性元素

从宗教渊源上看，峨眉亦僧亦道，而以道姑为主。在武侠小说中，金庸《倚天屠龙记》说是郭靖幼女郭襄，因为心中爱慕杨过，而又尊敬杨过与小龙女的爱情，所以云游天下，借此畅解胸中块垒。后得机会听觉远念诵《九阳真经》，创立峨眉派，后来传至灭绝师太，其弟子纪晓芙、周芷若等，皆为道姑。此外，峨眉派的许多招式，也都具有女性的色彩，如拳法中的一面花、斜插一枝梅、裙里腿、倒踩莲等，又如剑法中的文姬挥笔、索女掸尘、西子洗面、越女追魂等，簪法中的闭月羞花、沉鱼落雁等，都完全是女子的姿态。又如峨眉派的著名兵器峨眉刺，又称玉女簪，也是由女子发簪变来的。

南拳

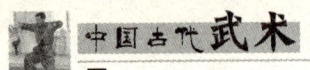

南拳是明代以来流行于南方的一大类拳种的总称。南拳据说最初是出于南少林，在明代逐渐形成独立拳系。关于南拳的起源，流传着一个故事，说是福南少林寺僧人世代习武。康熙年间，西鲁国来犯，无人可敌，福建少林寺僧人请缨出征，大破西鲁国，班师凯旋。不久，有奸人进谗，清廷派兵围剿福建少林寺，将该寺焚毁，寺中仅有五僧幸免于难。这五位僧人四处寻访英雄豪杰，创立了洪门（天地会），立誓"反清复明"。福建、广东、湖北一带的南拳都由这五位僧人传出，因此尊他们为南拳"五祖"。事实上，清代康熙年间根本没有什么西鲁国，更没有来犯这事，当然也不会有南少林寺僧人为国出征的壮举。这是洪门中人杜撰的故事。

南拳的总体风格是威猛迅疾，灵巧绵密，刚柔相济，上肢及手型尤富于变化。它不像少林拳那样雄浑朴茂，舒展大方，但其刚烈之气，威猛之势，却灏然自成气象。福建民风强悍，特别是闽南一带，素以悍勇好斗著称，其聚众械斗之风名闻全国。福建地区的武功，早在明代中期就已崭露头角。

南拳拳系的形成时间，大概在清初到清代中期，即从17世纪末至18世纪末。它包括上百个拳种，广泛流传于福建、广东、湖北、湖南、台湾等省以及香港、澳门地区，并很早就流传到海外，在东南亚以及美洲、大洋洲扎下根来。若论传播中国武术的贡献，南拳拳系自当首屈一指。

南拳种类繁多，如福建的少林桥手、五祖拳、鹤拳、罗汉拳，广西的周家拳、屠龙拳、小策打，浙江的洪家拳、黑虎拳、金刚拳，湖北的洪门拳、鱼门拳、孔门拳，湖南的巫家拳、洪家拳、薛家拳等。

南拳的代表是广东南拳，广东南拳的代表是"五大名家"，分别是：

1. 洪拳。洪拳源出少林寺，相传为洪熙官所创。洪熙官本为福建漳州茶商，创拳后传给南少林的洪门五祖。洪拳后来传入广东，包括五行拳（金拳、

夹木拳、水浪拳、火箭拳、土地拳）和十形拳（龙拳、蛇拳、虎拳、豹拳、鹤拳、狮拳、象拳、马拳、猴拳、彪拳等十大象形拳），历代著名高手有洪文定、陆亚彩、觉固禅师、铁桥三、林福成、黄泰、黄飞鸿、林世荣等，是南拳中最大的一派。

南少林寺

2. 刘拳。据说为刘三眼所创，也有说是下四府刘生或刘青山所创的，流传于雷州半岛。

3. 蔡拳。由福建南少林寺僧蔡伯达、蔡九仪所创，后来流传于广东中山等地，包括十字拳、大运天、小运天、天边雁、柳碎梅、两仪四象拳等。

4. 李拳。相传由福建南少林寺僧李色开所创，又由广东新会人李友山传授；一说由广东惠州李应辉所创。李拳流行于广东中山、河源、高州、龙川、广州等地。

5. 莫拳。相传为福建南少林至善禅师所创；一说由莫达士所创，后传至莫清骄（一说莫清娇）。流传于珠江三角洲一带。

五大名拳多数从福建南少林传来，和洪门天地会多少有些联系，不仅是武术门派，也是极为活跃的江湖派别。

除五大名拳外，广东南拳还有蔡李佛拳、虎鹤双形拳、咏春拳、侠拳、白眉拳、佛家拳、练步拳、练手拳、昆仑拳、南枝拳、儒拳、刁家教、岳家教、朱家教等。

南拳在广东、福建沿海一带形成独有的南方特色，尤其是清代以来，以"反清复明"始，以"行侠仗义"终，在武侠传奇小说和影视作品中占有重要的地位。

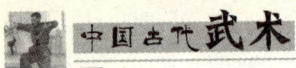

知识链接

广东"少林十虎"

晚清南拳又出现了"广东十虎",其中的第一位洪熙官、第二位方世玉,是许多侠文化作品中的主人公。

"广东十虎"排名依次为洪熙官(花县,今属广州花都区)、方世玉(肇庆,今肇庆端州区)、刘裕德(惠阳,今属惠州市惠城区)、胡惠乾(新会,今江门新会区)、童千斤(梅县,今梅州梅江区)、李锦伦、谢亚福(南海,今佛山南海区)、方孝玉、方美玉(肇庆,今肇庆端州区)、陆阿采(广东,驻防旗人)。

形意拳

形意拳又名心意拳或心意六合拳,与武当、太极、八卦并称内家四大拳派。但是,形意拳的风格却是硬打硬进,犹如电闪雷鸣,在内家拳中独树一帜。

形意拳尊岳武穆为始祖。形意拳出现于明末清初,为山西蒲州(今永济)人姬际可(字龙峰)所创。相传姬际可早年曾到嵩山少林寺学艺十年,颇得少林秘传,尤精枪术。当时正值天下大乱,姬际可考虑到处于乱世可执枪护身,倘若处于太平之世,不带兵刃,一旦遇到不测,将何以自卫?后来他无意中得到岳武穆拳谱,便以岳飞拳谱为理论,把大枪术化为拳法,并融合原

来学的心意拳，取"以意为始，以形为终"之意，创出此拳。

后来，形意碰撞逐渐衍化成三大流派，内容也不断丰富。第一是山西派，代表人物是山西祁县人戴龙邦。第二是河北派，代表人物是李洛能。李洛能是河北深县人，以经商为主，拜戴龙邦次子戴文勋为师，学艺十年，人称"神拳李"。他回到河北原籍后传授不少弟子，形成河北一派。第三是河南派，代表人物是戴龙邦的师兄马学礼。马学礼是洛阳人，回民，所传多为河南回民，形成河南一派。民国初年，河北、河南两派形意先后南传至四川、安徽、上海等地，其后又远传海外。山西一派至今流传不广。

形意拳基本属于象形拳，它的主要套路多是模仿一些动物的捕食及自卫动作而成，即所谓"象形而取意"，如龙、虎、猴、鸡、鹞、燕、蛇、鹰、熊，等等。山西、河北两派多用梢节（拳掌），河南派更注意发挥中节、根节的作用，多以肘膝和肩胯击敌。

形意拳雄浑质朴，动作简练实用，整齐划一，讲究短打近用，快攻直取。形意拳的基本套路，如五行拳、十二形拳等，多是单练式，一个动作左右互换，来回走趟。日积月累，年复一年，一个动作可重复演练达数万次之多。一旦遇敌，在速度、力量、准确性方面均可达到惊人的进步。1954年，美国有一位名叫吉尔比的格斗高手在菲律宾的马尼拉市见识了一位华人拳师演示的形意拳，大为惊叹，认为它是"拳术中的最高形式"，"但要小心它的危险性"。

形意拳主张先发制人，主动进攻，抢占中门，硬打硬进。拳谱说："视人如蒿草，打人如走路。""练拳时无人似有人，交手时有人似无人"。在交手时，则要求"遇敌犹如火烧身，硬打硬进无遮拦"，"拳打三节不见形，如见形影不为能"，"起如风，落如箭，打倒还嫌慢"。形意拳要求在最短时间内解决战斗："不招不架，只是一下。"意思是敌人打来，根本不必招架，只需致命一击，便可取胜。清末时，有的形意拳高手常常是一拳即将强敌打飞，乃至一拳将强敌击毙。所以形意拳门规甚严，不准轻易与人交手。河南派形意

形意拳部分招式图解

规定：凡忤逆不孝者，贪财如命者，逞能欺人者，贪酒好色者，概不得收为弟子；凡练此拳者不得惹是生非，遇事必须忍让，也不准在街头卖艺。

　　形意拳讲究内功训练，故也属于道家拳派。在迎敌时要求以意念调动出体内的最大潜能，以意行气，以气催力，在触敌前的一瞬间发劲；而且要求肘部不得伸直，缩短了出拳距离，使得形意拳具有较强的穿透力，往往可对敌人内脏造成伤害。所以，形意拳高手一般情况下绝不轻易出手。

　　形意拳讲求以少胜多，以拙胜巧，以快击慢，以刚摧柔，其动作却是质朴无华，观赏价值不高。20世纪20年代，王芗斋（1885—1963年）又在形意拳的基础上舍形而取意，创立了意拳（曾名"大成拳"）。

　　意拳的出现标志着中国武术的一次革命。王芗斋大胆舍弃了武术的所有传统套路和固定招法，将站桩功提高到首要位置。意拳没有套路，没有招式，只讲究随机应势，应感而发。王芗斋曾在一招之内，击倒世界最轻量级职业拳击冠军、匈牙利人英格。他又曾多次应战日本柔道高手，均是一招将对方

击倒。

形意拳动作简约,切于实战,顺应了武术发展的潮流;此外,该拳系的历代传人也比较开放,收徒不大讲门户之见,并致力于理论研究,所以传播很快。

八卦拳

八卦拳就是八卦掌。八卦原指八个方位,即北、南、东、西、西北、西南、东北、东南,与八卦并无什么内在联系。

八卦掌以掌法为主,其基本内容是八掌,合于八卦之数;在行拳时,要求以摆扣步走圆形,将八个方位全都走到,而不像一般拳术那样,或来去一条线,或走四角,所以称为"八卦掌"。

目前流行的八卦掌,又名"游身八卦掌"或"龙形八卦掌",为董海川(1796—1882年)在北京所创。

董海川是河北文安人。相传他早年喜好武术,精罗汉拳(属少林拳系)青年闯荡江湖,曾遍游吴越巴蜀,后在江皖深山中遇一道人,得授八卦掌,武功大进。但不知何故,董海川在中年时突然变成太监,入了皇宫。不久,他的行迹便引起猜疑,只得设法退出皇宫,转入京师肃王府,当上武术总教师,开始传授弟子。

董海川所传弟子极多,几近千人。他因材施教,弟子们学有所成,迅速衍化出多种流派,主要有:

1. 尹氏八卦掌,为尹神速(1840—1909年)所传,尹福为职业武师,长住北京。

董海川遗像

2. 程氏八卦掌，为程廷华（1848—1900年）所传，程廷华在北京开眼镜铺，人称"眼镜程"，八国联军入侵时，被德军抢杀。

3. 宋氏八卦掌，分两家：一为宋长荣所传，宋长荣住北京地安门内；一为宋永祥所传，宋永祥住北京北城。

4. 梁氏八卦掌，为梁振蒲（1863—1934年）所传，梁振蒲在北京经营估衣，人称"估衣梁"。他14岁拜董海川为师，艺成后曾在河北冀县等开设"德胜镖局"。

由此可知，八卦掌传至第二代时，已经衍化出尹、程、二宋、梁等五个支派，到清末民初时，以北京为中心，初步形成八卦拳系。

八卦掌以掌代拳，步走圆形，突破了以拳为主、步走直线的传统拳法，为中国武术开辟了一方新天地。其步法以提、踩、摆、扣为主，左右旋转，绵绵不断。八卦掌以走为上，要求意如飘旗，气似云行，滚钻争裹，动静圆撑，刚柔相济，奇正相生。好手行拳，真个是行如游龙，见首不见尾；疾若飘风，见影不见形；瞻之在前，忽焉在后，常常能使对手感到头晕眼花。以此应敌，则避实击虚，手打肩撞，皆可以意为之。

八卦掌另有对练和散手，器械有刀、剑、棍、鸳鸯钺等，其步法要求与掌法相同。八卦刀又名"八盘刀"，长1.4米，重2千克，其长度和重量都超过一般的单刀。

大约在光绪初年，形意名师郭云深（1855—1932年）慕名到北京与董海川比试。双方以武会友，连战三日。至第三日，董海川的掌法愈变愈奇，郭云深才大为叹服。两位高手又潜心切磋数月，议决合形意、八卦为一门：习形意者，调剂以八卦掌，可消偏刚偏进之弊；习八卦者，兼习形意，则有刚柔相济、攻坚克锐之功。张占魁（1865—1938年）既从董海川学八卦掌，又从刘奇兰学形意拳，遂融二者为一，创编出"形意八卦掌"，为后世形意拳、八卦掌的发展与传播贡献极大。

太极拳

太极拳是中国武术中最能体现国人性格气质的拳种。

关于太极拳起源,武术界一直存在着争论。多数意见认为太极拳起源于河南温县陈家沟,为陈王廷所创。陈王廷为明末清初人,原学家传武功。清军入关以后,陈王廷曾在登封玉带山参加反清武装斗争,事败后回归故里,隐居30年,潜心研究武学,终于创编出独具一格的太极拳。

陈王廷之后,太极拳一直在陈氏族人中传授,人称"陈氏太极拳"。直到晚清时期,太极拳才开始外传,以北京为中心,衍化出杨、武、孙、吴四大流派。

杨氏太极拳始于杨福魁(1799—1871年)。杨福魁,字露禅,河北永年人,早年家贫,被温县陈家沟某陈姓大户购为僮仆,得以来到陈家沟,遇陈氏第十四代陈长兴(1771—1853年),学艺十余年,技艺大成。后来杨福魁在北京屡挫名手,人称"杨无敌",被推荐到王府授拳。当时,王府学拳的多是王公贵族子弟,体质娇弱,杨福魁便将陈氏太极拳中一些难度较大的动作做了修改,使之不纵不跳,趋于简单柔和,又经其三子杨健侯、其孙杨兆清(字澄甫)的修改,就成了目前流行的杨氏太极拳。

武氏太极拳始于武禹襄(1812—1880年)。武禹襄也是河北永年人,出身于书香门第。杨福魁从陈家沟艺成回永年后,武禹襄师从他学拳。不久,武禹襄又慕名到温县赵堡镇,拜陈氏第十五代传人陈青萍为师,学习陈氏小架(即"赵堡架")。其后,武禹襄把杨氏大架和陈氏小架结合起来,形成了武氏太极拳。

孙氏太极拳始于孙禄堂(1861—1932年)。孙禄堂是河北完县人,早年为形意、八卦名家,在北京有"活猴"之称。在50岁那年,孙禄堂拜武禹襄的再传弟子郝为真为师,融形意、八卦、太极为一体,创编了架高步活、开合鼓荡的孙氏太极拳。

吴氏太极拳始于吴鉴泉（1870—1942年）。吴鉴泉是北京人，满族，后改汉姓为吴。他的父亲吴全佑曾先后师从杨福魁、杨班侯父子学拳，吴鉴泉得其父传。后来，吴鉴泉在杨氏父子拳架的基础上，又加以改进，使之更趋于柔和，于是形成了吴氏太极拳。

到了民国初年，由陈氏太极拳衍化而出的杨、武、孙、吴四家各成一派，形成五花竞放之势，流行全国的太极拳系才算真正形成。它是中国诸大拳系中形成最晚的一个，但也正因为如此，它又成为中国诸多拳系中最富于活力的一支。

从陈王廷开始，陈氏族人一直是耕读传家，保持着文武兼修的优良传统，不仅历代多有技击高手，而且出现了杰出的技击理论家。陈氏太极拳的这一传统也影响到其他四支太极拳。所以，直到目前为止，在中国的诸大拳系中，太极拳始终具有文化层次上的明显优势。研究太极拳的著作，不仅数量最多，而且有理论深度，在功法和技击方面较少保守性。再加上太极拳融技击与养生为一体，老少咸宜，所以能在短短几十年间，由北而南，风靡全国，成为发展势头最快的一个拳系。

太极拳合技击与养生为一体，是一种意气运动。它要求以心行气，以气运身，意动形动，意到气到，气到劲到，劲由内换，柔中有刚，刚柔相济。在技击时，太极拳讲究以静制动，以柔克刚，以小力打大力，从不以拙力取胜。太极拳由一系列螺旋缠绕动作组成，每个动作都呈圆形。从外观上看，太极拳全部是划圆的动作，与其他拳派大相径庭。

太极拳在行拳时，要求以腰为轴，节节贯穿，以内气催动外形，示柔缓于外，寓刚疾于内，沾手即发，以此体现出避实击虚、蓄而后发、引进落空、松活弹抖的独特技击风格。

太极拳重在防御，以守为攻，以退为进，即所谓"不敢为主而为客，不敢进寸而退尺"。太极拳高手一般不主动进攻，而是防范周严，后发制人。他们多是等待对方进攻，一搭上手，即粘住不放，舍己从人，顺对方进击的方向，以弧形动作化开对方的劲力，借力打力，发挥"四两拨千斤"的特长。太极拳利用离心力原理，以腰脊为中轴，自己一切动作皆为内圈，而始终置敌于外圈。这样，即便内圈的动作慢些，仍可胜过外圈的"快"，易使对方失去重心。行拳者在舒缓潇洒的旋转之中，随时可以骤然发劲。

太极图

太极拳的发力多是弹抖之劲，称为"寸劲"，即在极短距离内，无须大幅度作势，即可将内劲发出。这是由意气引导，身体诸大关节高度协调，而于刹那之间爆发出来的一种合力，其劲甚短，其发极速，其力冷脆，具有较大的威力。不少人以为太极拳动作迟缓，无法用于技击，这是没有领会太极拳的精髓。

太极拳讲究以弱胜强，以慢胜快，以少胜多，以巧胜拙，最忌以蛮力死拼滥打，最忌硬顶硬抗。它是一种蕴含着深奥哲理、充满了智慧的拳种，集中体现了中国人的处世之道，体现了中国人对人生、对宇宙的感悟。

八极拳

八极拳历史悠久，以其独特的风格和练法，别具一格，自成一家，涌现出诸多的武术名家，在武术界影响很大。

1．名称的由来

八极拳系由外家八种拳中之精华手法组成，故名为八极拳。八极拳以其刚劲、朴实、动作迅猛的独特风格流传至今，早年因地域不同而被称作"巴子拳"、"八忌拳"、"八技拳"、"开门八极"、"开拳"等。但近代根据其发劲可达四面八方极远之处的特点，以"八极"二字定名。

2. 起源

关于八极拳的起源时间和地点，至今说法不一：一说起源于明代，因在戚继光著《纪效新书——拳经捷罗篇》中，曾提到"巴子拳"即"八极拳"；一说起源于武当，是道士所创；一说是清代河南岳山寺和尚张岳山所创；一说是清代一云游道士所创；一说原始于河南嵩山少林寺，为少林寺第四门看山拳。以上均无确切史料依据，故其起源有待进一步研究。

相传，清雍正年间，著名八极拳大师吴钟（字弘升，1712—1802年）只身三进南少林寺，机关暗器无一沾身，且一枝枪南七北六十三省，扎遍天下无敌手，被誉为"南京到北京，神枪数吴钟"的美称。

吴钟死后，传其子吴永、吴荣，为二代。又传吴坤、吴恺、李大中、张克明，为三代。张克明传黄四海为四代。黄四海传李书文、王钟铨为五代。

李书文传其侄李善堂、霍殿阁、张德忠、张芝霖、高喜臣、许家福为六代。霍殿阁传其侄霍庆云等，许家福传鲍有声、吴坤、王绍先、杨国茂、曹彦章、张孝先为七代。

鲍有声传其子鲍雅军、鲍雅齐及刘殿世、王世泉、赵有、赵泰安、陈生、钱振，曹彦章传梁宗正、单英杰、崔杰、崔颖、戴建华、倪泽超、朱亚庭、仝彤、曹勇为八代。王世泉传张

神枪李书文

鹏举、张利等为九代。

在我国武坛的拳术中，八极拳以刚、猛、狠、快而著称。早期主要传于河北沧州一带，后传入天津、北京和东北、西北等地。

近代八极拳名家李书文（字同臣）练功成癖，寒暑不辍，深得枪法之奥秘，武术界内称"神枪李"。练枪时单手托枪，枪钻掖在腰间，运枪自如，在室内玻璃上扎蝇，蝇死而玻璃无损。他一手运枪，可将装200多斤绿豆的麻袋，用枪尖从地上搅起来转三圈，然后放回地上。其弟子霍殿阁打败了溥仪身边的武士，做了溥仪的武术教师，也使八极拳在东北三省得到普及和推广。

1920年，东北三省著名将领许兰州仰慕李书文的功夫，特聘请到家中教其三子拜师学艺（许家福、许家禄、许家珍），同时李书文把得意弟子霍殿阁、李萼堂、孟宪宗、李萍兴、刘利等带到许公馆一同学艺，同时学艺的还有回族马英图三兄弟、任国栋、柳虎臣、韩化民、张骧伍、鲍有声、吴玉昆、杨桐茂、张世忠，并成立了国术馆（天津、北京、黑龙江）。

鲍有声（1911—1997年），于1931年南京运动会获武术比赛中量级第二名、银盾1个、银牌1枚。1932年全国第二次国考，获枪术第二名、银盾1个、银牌1枚。1933年在上海运动会上，夺取中量级第二名、枪术第一名。1934年参加第十八届华北运动会，获大劈挂掌第一名，获奖品宝剑1口、金牌1枚。

3. 八极拳的特点

八极拳动作刚劲、朴实无华、发力爆猛、大有"晃膀撞天倒，跺脚震九州"之势。因此有"文有太极安天下，武有八极定乾坤"之说。

八极拳属于短打拳法，其动作极为刚猛。在技击手法上讲求寸截寸拿、硬打硬并。真正具有一般所述挨、帮、挤、靠、崩、撼之特点。发力于脚跟，行于腰际，贯手指尖，故爆发力极大，极富技击之特色。八极拳的腿法要求

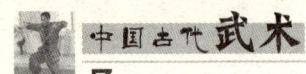

不宜过高，主要有弹、搓、扫、挂、崩、踢、咬、扇、截、蹬。

八极拳以头足为乾坤，肩膝肘胯为四方，手臂前后两相对，丹田抱元在中央为创门之意。以意领气，以气推力，三盘六点内外合一，气势磅礴，八方发力通身是眼，浑身是手，动则变，变则化，化则灵，其妙无穷。八极拳非常注重攻防技术的练习。在用法上讲究"挨、膀、挤、靠"，见缝插针，有隙即钻，不招不架，见招打招。八极拳的步型以弓步、马步为主，步法以震脚闯步结合而成。

今之八极拳法，遍及华夏，传至海外。形成重大规模及影响的有：霍殿阁、霍庆云的八极拳以长春为中心，传播遍及东北三省；马凤图、马英图栖身甘肃，传八极拳法于西北五省区；吴秀峰在津授徒数百人；王景祥、田金钟等人在津，广传八极拳术；马贤达、马明达授艺国内外，其著述在国内外均有影响。

八极拳传播至今，已形成了各具特色、风格不同的各个方面，有古朴、庄重、实用的"霍氏八极拳"；有灵活、快速的"马氏通备八极拳"；有流畅、活泼的"吴氏劈挂八极拳"；有节奏鲜明的"台湾螳螂八极拳"等。

劈挂拳

1. 劈挂拳简史

劈挂拳原为少林佛门武技，相传始于清代乾隆年间（1775年）。一韩姓僧人去海望寺探望师兄，由于长途跋涉，受尽千辛万苦，病倒在河北盐山县，被大左村的一位人称左四爷的布施行善者收留家中，请医治病，疗养身体。一日散步，偶尔经过一拳坊，听到有习武之声。和尚见此地乡情有好武之风，为报答当地人好善之情，便将自己的武功劈挂拳，传授给当地乡民。本村习

武少年左宝梅见此僧身怀绝技，便求教拜师为徒。左宝梅苦练十余载，悟出劈挂拳之真谛，从此左门世代相传。后左氏传人左东君打破家规将劈挂拳传于外姓，从此逐渐传开沿袭至今。

清末民初，也曾将劈挂拳列为通背拳系中的一派，故在一些武术专著里称作"劈挂通背"。据考证，劈挂拳的起源可追溯到明代。其传袭师承虽无可靠记载，但劈挂拳法早在明代戚继光所著《纪效新书——拳经》中已有反映。戚继光搜集当时16家拳法编成的32势中，列为一势的"抛架子抢步披挂"，至今尚完整地保留在劈挂拳势中。清代后期，劈挂拳在河北省盐山县、沧县一带流传较广。

2. 劈挂拳技法

劈挂拳有4个套路：一路劈挂拳、二路青龙拳、三路飞虎拳、四路太淑拳；还有包罗以上4个套路的"大架子"。劈挂拳以"大架子"为母，练功时，慢拉柔练，调劲运气。此外，还有供基础训练的"十二大堂子"，即12个基本招势（在行进中盘练称作"堂子"），还有十路弹腿、溜脚势等。运动方法有滚、勒、劈、挂、斩、卸、剪、采、掠、摈、伸、收、摸、探、弹、砸、擂、猛等18字诀。身法要求吞吐伸缩和虚实往还，劲道追求翻扯劲和辘轳劲。劈挂拳的器械有奇枪、六合大枪、风摩棍、七十三剑（亦称通备大剑）、梯袍剑（亦称通备小剑）、劈挂单刀、劈挂双刀、苗刀、凤头阁（护手钩带刺）、拦门撅、三节棍等。近数十年来，劈挂拳吸收了西北陇南鞭杆，通过劲力和技法的改变，逐步形成了源于陇南而又不同于陇南的鞭杆技法和技术套路。

螳螂拳

相传，明末清初时，山东有个叫王郎的人到少林寺学艺，艺成后与人相

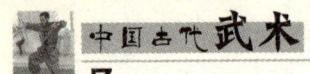

斗落败。其于树下休息，苦思破敌之法。忽见一螳螂缘树而下，乃以划草戏之。螳螂则以一刀勾一刀打，转变有度，闪转灵活。于是携螳螂回寺，终日试之，终于研究出勾搂刁采等螳螂手法。

一日在树下练习时，有一猿猴取其衣而去。王郎追逐很久，猿猴才弃其衣而去，王郎思之良久，模仿猿猴足迹，变换角度，而研究出猴之步法。至此王郎的螳螂拳初步形成了。

其实，螳螂拳真正的创始人是海阳司马李氏家族四世祖李赞元之玄孙李炳霄。

李赞元，原名李立，清顺治帝赐名赞元，字公弼，号望石。顺治十二年（1655年）考中进士。

李炳霄，是李赞元17子一脉之玄孙，清乾隆年生人，他自幼聪颖好学，继承家风，文武兼备，又精通医理，未及弱冠就有附贡之名。某年参加乡试不中，干脆弃文从武。李炳霄本是豁达之人，他从此匿迹林泉，专一结交世外高人和江湖豪侠。适逢机缘巧合，他索性又出家为道，号"升霄道人"。李炳霄挟技游历天下，遍访武林高人，虚心学习，孜孜以求，探索中华武术之真谛，将天下十八家武艺融会贯通。他由武入道，以道阐武，终得大成。

李炳霄在游历中，偶遇了一场惊心动魄的"螳螂与黄雀"之战（也有说螳螂捕蝉或螳螂斗蛇者），总之，李炳霄受到了螳螂"以小胜大，以弱胜强，以智取胜"的启发，模仿螳螂，象形取意，经过反复的锤炼揣摩，创造性地研究出一门结构严谨、技击性强的精妙绝伦的象形拳术——螳螂拳。

螳螂拳是根据螳螂的攻击动作演化而来的

李炳霄淡泊名利，所到之

处，从不以姓名示人，故当时的人们都知螳螂拳，却不知李炳霄。就连弟子们问及师父姓名时，他也只是微笑作答："忘了。"因海阳方言"忘了"与"王朗"同音，因此，随着螳螂拳的传播，创始人"王朗"的名字也随之传播开来。

不久，即有人写出拳谱。第一篇为"十八罗汉短打序"，其中说：短打者，少林福居禅师所著也，注释详确，义理精通，并有"短打要论"，"八打八不打"，"八刚十二条"，"长拳即短打，短打要长拳"等，练螳螂拳者"以此为总谱，或称为老谱"。可见当时螳螂拳只有一种，以后一传再传，逐渐演变，遂分为三大派。

1. 六合螳螂拳

六合螳螂拳是以山东招远县穿林家林世春所传的螳螂拳，因其以农为业，传人不多。林世春的师父名叫魏德林，江湖人称魏三，因其左手食指、中指与无名指、小指有蹼相连，人称为"鸭子巴掌"，表面上是一个江洋大盗，实是反清复明的义士，越狱逃至林世春家避难。魏德林自称是王郎的再传弟子。六合螳螂拳是螳螂拳系中的一个流派，过去在山东黄县、招远等地盛极一时，演练者甚众，以后流传至东北、北京、南方以及港台等地。

2. 梅花螳螂拳

梅花螳螂拳为山东威海都莲茹所传，以后传至东北及南方和全国各地。其拳偏刚，故有人称为"硬螳螂"。梅花螳螂拳的身法要求是：拧腰坐胯，意形并重，内外兼修。步型有马步、弓步、虚步、丁步、蹋步、路虎步、玉环步。其歌诀云："骑马登山吞托式，御敌跨虎姿。"称为"螳螂八势"，为梅花螳螂拳之基本功。

梅花螳螂拳套路很多，有牧童指路、白猿偷桃、螳螂扑蝉、螳螂展翅、

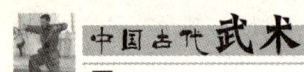

螳螂行等，器械有螳螂刀、枪、剑、棍等，其手法有掌、勾、爪、拳、指五种。手法概括有十二个字：提拿封闭、粘黏帮贴、来叫顺送，动作灵活多变，进退自如，神形具备。梅花螳螂拳爆发力及寸劲最多，各种劲法齐全，腿法与脚法有弹蹬扫挂、抄踹摆踢，以及反尖脚、斧刃脚和撩脚、杵脚、扣心脚等。尤其突出肘法，套路就有四套八肘，其肘法有黏肘、叠肘、墩肘、拐肘、顶肘、转肘、扑肘、朝天肘、掀肘、臂肘、弥肘等。

3. 七星螳螂拳

七星螳螂拳相传为姜化龙所传。七星螳螂拳与梅花螳螂拳内容与技击特点大同小异，其练功方法以七星步而得名，也有说是因七星拳而得名。七星拳强调"七星式"，实以七个部位，即头、肩、肘、拳、膝、胯、脚作为技击手段。七星螳螂拳的套路有七星拳、崩步、拦截、梅花辘、梅花拳、白猿偷桃、白猿出洞、白猿攀枝、扑蝉、八肘、摘要等30余套，器械套路有刀、枪、剑、棍、拐子、流星、三节棍、大梢子、大刀、双钩等等。其劲法偏刚，亦有柔劲，是刚柔相济的劲法。有长手有短手，其长可放长击远，其短有肩肘胯膝。身法是以腰为轴，以胯为核心。拳法的主要特点是朴实、明快而有力，不招不打，招之即打，连招带打。

查拳

查拳是中国传统武术中的优秀拳种之一，盛行于山东、河北、河南、北京、山西，后遍及海内外，在回族中流传更为广泛。

查拳历经数百年的实践和演变，形成了现今冠县的"张式"查拳、冠县的"杨式"查拳、任城的"李式"查拳三大流派。三派的套路内容不同，练法也各有其妙，但其拳理相同，其要求也大体一致。查拳的风格特点是姿势

舒展挺拔，发力迅猛，动静有致，刚柔兼备，节奏鲜明，步法灵活多变，结构严谨，功架整齐。无论往返进退，上下起伏，力求协调配合，整个套路表现出一种潇洒剽悍矫捷的形态，是长拳类型中较为系统的拳种。

查拳经过几百年的历史繁衍，技艺不断得到充实与提高，逐渐形成了集查、滑、炮、洪、腿（弹腿）于一体的技术系统完整、内容丰富、功法全面、艺理俱精的独到拳种。

查拳最初的器械只有刀、枪、棍套路，各有十路。现在已经很难见到全貌，以后在不断与其他门派交流中逐渐补充进剑术套路。加上查拳门中拿手器械钩、撅、带，称之为"四绝"。

查拳徒手和器械对练包罗万象，比较流行的有四路查拳对练、板搭铐子对练、单刀进枪、朴刀进枪、大刀擒枪、双剑进枪、双勾进枪、大铲进枪、对扎中平大枪、对劈刀、对刺剑、进枪、双刀进枪、朴刀进大刀、棍进枪、空手夺刀等。

摔跤

摔跤在我国源远流长，历史悠久，是中国最古老的体育项目之一，古代称为角力、角抵、相扑、争跤等。据文字记载，早在4000年前的原始社会就有了摔跤活动。当时，人们为了求得生存，在与自然界的斗争以及部落之间的冲突中，利用自己的力量、技巧取得食物和防卫行为，从而产生了古代的摔跤。

周朝初年，摔跤作为练兵的一项军事科目出现。据《礼记·月令》中记载："孟冬之月，天子乃命将帅讲武，习射御角力。"由于当时兵器落后，射箭、驾车、角力都是军队操练的主要科目。

据南朝人任昉（460—508年）所编著的《述异记》中记载："秦汉间说，蚩尤氏耳鬓如剑戟，头有角，与轩辕斗，以角抵人，人不能向。今冀州有乐名蚩尤戏，其两两三三，头戴牛角以相抵，汉造角抵戏，盖其遗制也。"这种"蚩

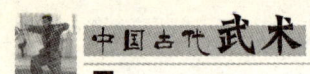

尤戏"就是我国古代摔跤的雏形。由此说来，我国古代摔跤当始于黄帝时代。

春秋战国是奴隶社会向封建社会过渡的大变革时期，列强对峙，互相攻伐，战争频繁，作为军事训练的摔跤活动也得到了广泛的开展。《公羊传》中记载，宋闵公手下有一员大将叫长万，是当时闻名于世的大力士。由于宋闵公揭露长万曾被鲁师所俘，故"万怒，搏闵公，绝其脰。"结果宋闵公被长万摔死。

秦汉时期，摔跤不仅作为一种重要的军事训练手段，也是节日和宫廷内的常规表演项目。1975年在湖北江陵县凤凰山一座秦墓中出土的木篦上曾有古代摔跤的画面，这是迄今发现的年代最早的有关古代摔跤的图画史料。图案上有三名男子，他们正在在进行摔跤比赛，气氛紧张而热烈。左边站立者为裁判。上边悬挂的帷幕，表示在舞台上进行比赛。按画面的排场看，似在宫廷内举行的。由此可见，秦统一六国后，已把摔跤列为宫廷的一种娱乐项目，并在民间有一定的开展。

从秦末到汉景帝的半个世纪中，摔跤活动曾处于低潮阶段。汉武帝时，摔跤活动又盛行起来。据《汉书·武帝记》中记载，规模最大的摔跤活动有两次：一次是元封"三年（公元前107年）春，作角抵戏，三百里皆来观"；

摔跤比赛

一次是元封六年（公元前105年），"夏，京师民观角抵戏于上林平乐馆"。陕西省长安客省庄汉墓出土的铜牌上也刻有摔跤图，画面上是两位农民打扮的男子在树荫下对摔。河南省密县打虎亭2号东汉墓中的一幅壁画，描写了当时摔跤表演的一个场面。由此可见，汉代摔跤活动已较普遍地开展，田间地头也成了摔跤的场所。由于汉代重视摔跤活动，摔跤的技术有了较大的发展。同时，摔跤比赛胜负由裁判员来判决。山东省临沂地区金雀山汉墓中出土的绢画上有一对健壮的摔跤手，挽袖对视，准备一决雌雄，旁边有一名裁判拱手而立，以判双方胜负。秦汉以来，摔跤的主要技术是较力量，并可以拳打脚踢，用擒拿方法扭断手臂、腿脚，直至把对方摔死。

三国时期，曹操曾大力提倡摔跤活动，不仅把摔跤作为训练士兵的手段，还将其列入百戏之内。

唐朝时期，太宗皇帝李世民因是马上皇帝，所以社会上讲武、习武的风气不懈，故摔跤活动在唐代的历史上名噪一时，就连皇帝也要上场助威，鼓舞士气。据史料记载，唐朝时，每逢元宵节和七月十五的中元节均举行摔跤比赛，皇帝不仅爱看，而且有的还是摔跤能手。唐朝末年，朝廷还建立了官办的相扑棚，收罗和训练摔跤能手，入选者称为相扑者。每当朝会、宴聚、祭祀之时，相扑者都要专门进行摔跤表演。

明朝万历年间出版的《万法宝全》一书中，就有古代摔跤图样。当时把摔跤列为"六御"之内，作为军队作战训练的重要手段。据《明史·江彬传》中记载，御史乔白岩和应天府丞冠天叙非常注重选材和采用针对性的训练方法，在战术上注意到以矮制长，这些无疑是对摔跤在选材、训练以及战术运用上的一大贡献。公元1638年，明朝官员陈元斌为了复兴明朝的天下，东渡日本，求援兵于德川幕府，结果求援未遂，留居日本，这样陈元斌就把中国武术和摔跤传到了日本。后经日本改革和发展，成为日本现在的相扑和柔道。

中国式摔跤是我国各族跤手共同创造和发展起来的。清朝用武力起家，入主中原，一直保持着尚武崇战的风气，加之清朝历代皇帝大力提倡摔跤运动，因而"布库"之戏得以广泛传播。由于清代皇帝大力提倡，满族、蒙古族和汉族跤手相互学习，取长补短，使摔跤技术不断提高完善，最终发展成近代中国式摔跤。

辛亥革命后，摔跤运动日趋衰落，只是在民间流传，比较有名的如北京的宝善林、魏德海、陈德禄、张文山、沈友三、熊德山、张宝忠、单士俊；天津的张奎元、张连生、张洪玉、张大力、阎士凤、王海兆；沈阳的徐俊青；上海、南京的宋振埔、田玉荣；济南的佟顺禄及张家口的洪立厚等人。

摔跤要练习扎实的基本功，特别要加强腰腹和腿部的力量及灵活性练习。还要注意动作迅速和上下肢的协调配合，"眼似闪电，腰如盘蛇，脚似钻。""动作要像打闪纫针"。这都说明摔跤必须要以快取胜。因为快可使动作突然，使对方猝不胜防，从而争得主动。

摔跤还强调手脚动作要密切配合。上边用两手把对方捆住，下面再用脚和腿使绊。

知识链接

传统武德

所谓武德，即武术道德，是从事武术活动的人在社会活动中所应遵循的道德规范和所应有的道德品质。

"武德"一词最早于3000多年前就已出现。武德从伦理学的角度来看，它不仅是个人体现武术伦理规范的主体，侧重于个人意志的选择，而且包

含了在整个武术社会活动以及参与其他社会活动的秩序规范，并且个人的武德只有适应社会实践才能决定其品格的高低；同时，武德也只有在社会共识的秩序规范中，才有实践的价值和意义。对武德的正确理解，应当是武术伦理规范与习武者道德行为准则的总和。它始终应贯穿于习武者整个的练武、授武、比武等一系列的武术社会活动之中。

第三节 神秘的少数民族武术

中国民族武术源远流长，5000多年来，56个民族中关于武术的传说、著作、书籍、刊物等可谓汗牛充栋。也正是这些浩瀚的历史文字，为我们展示了中华民族悠久灿烂的武文化。

我国少数民族武术是在长期的生产、生活、狩猎或战争中发展起来的，有着鲜明的民族文化特性，其表现形式和内容都受到了各民族历史文化、民族习惯、经济生活、自然环境等因素的影响，展示了几千年中华民族生生不息的精神面貌，倾注着广博的民族文化精髓。

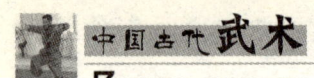

进入近现代以来，民族武术的传承可谓是一波三折。18世纪中叶，国门被帝国主义的火炮轰开，外来文化伴随着强悍的武力涌入中国，这时的人们勇于反抗，民族武术由此开始进入了大发展时期。到了20世纪50年代中期，民族武术被作为封建糟粕加以排斥，尤其在"文革"期间，民族武术被"打入冷宫"，很多民族文化开始流失。但进入70年代后，人们开始反思对民族文化的态度，对民族武术的挖掘、整理逐步进行，各种理论书籍也相继出现，给这些少数民族武术注入了新鲜血液。

苗族武术

苗族自称"牡"、"蒙"、"摸"、"毛"，也称为"长裙苗"、"红苗"、"青苗"、"花苗"等，新中国成立后统称为苗族。苗族的先祖可追溯到原始社会时代活跃于中原地区的蚩尤部落。商周时期，苗族先民便开始在长江中下游建立"三苗国"，后来多次迁徙，由黄河流域一直迁徙到湘、黔、滇一带。

苗族武功的历史与苗族的历史是紧密联系在一起的。自夏商以后，苗族一直摆脱不了被强盛部落及封建统治阶级"伐"、"征"、"剿"的战争厄运。为了生存，苗族人民曾多次举行起义，反抗朝廷的"伐"、"征"、"剿"，苗族武术就是在这样的环境中生长起来的。

过去，苗族有一句俗话："养儿不学武，一辈子受欺侮。"学习武术一直被苗族人视为最为紧要的大事，不管男女老少，几乎每个成年人都懂得一些技击的知识，大都学会了几手过硬的招式。但苗族学武不具有侵略性，苗族武术在手法上少有或没有首先进攻他人的动作，而是防中有攻、以防为主，这与苗族人民在旧社会受压迫、受歧视，只求安身保命，不思伤害他人的民族特点密切相关。

由于苗族人民长期生活在高山深谷，地势不平、道路坎坷、活动面积小，

所以苗族武功十分重视桩法，善用"七"字步，又名赶步，进退大都踩"品"字形。由于地理环境的影响，苗族地区的战斗也只能是短兵相接，所以苗族武术结构必须紧凑、桩步必须稳当、动作必须严密，只需立足之地便能将对手击败。

苗拳练功十分注重内功的操练，善使粘连手法，苗族拳师使棍，不完全靠握力持棍，而是用粘法使棍活动自如。同时，在技击中充分运用了滑、滚、粘的方法，不断变化，最后达到反关节的目的。苗族武术虽然以防为主，但仍要求在防守中进攻，在变换中取胜。

苗族武功内容十分广泛，除了徒手套路外，还有很多器械功夫，包括刀、剑、斧、矛、鞭、棍、棒棒烟、钩钩刀、木椅等，其中苗刀的影响最大。

苗刀刀身修长，长约五尺，能够单、双手变换使用，临阵杀敌，威力极大。据中国历史档案馆保存的重要资料《苗刀考证》记载："苗刀用以冲锋枪，远胜单刀及其他短兵。明代戚继光将军，改铸精绝，传之于其部下，杀敌致果，斩将擎旗，赖以刀法，威震华夏。"

我国苗刀与日本流行的剑道用的大刀十分相似，但技术迥然、各具特色，尤其苗刀击着点由点、线，扩展到面，步法急速灵活，很多日本人都认为苗刀技法很值得日本剑道参考。也有人把苗刀说成是"流传在我国武术界的日本双手刀法"，这种说法是不正确的，苗刀其实源于中国，后来随着中日文化的交流才传到日本。

苗刀起源很早，古称为长刀。早在三国时期，中国

苗刀

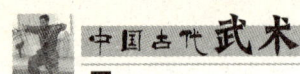

在回赠日本的物品中就有五尺长刀，苗刀就这样随着中日文化的交流传入日本。明朝后期，倭寇多使用这种刀，所以后人也常称之为倭刀。戚继光将军在御倭战斗中，认真总结了日本刀法，又在民间挖掘整理长刀技法，在"戚家军"中配备了长刀，最后平息了浙、闽、粤沿海倭犯。此后苗刀得以广泛传承，尤其是近代武术大师刘玉春及其爱徒郭长生，在苗刀中揉进了通臂二十四式中的先进步法，使苗刀的刀法更加雄健凌厉，步法急速灵活多变，连击性更为突出。

苗族武术尊重祖师，注重武德。苗族拳师在收教徒弟时，有"三教三不教"的教规，即：脾气好的教，脾气不好的不教；诚实本分老实的教，游手好闲、不务正业的不教；讲礼节重义气的教，六亲不认的亡命之徒不教，可见苗族武术在择徒授拳时极为谨慎。

如今，苗族人民习武之风仍十分浓厚，通过不断的文化交流，苗族武术与汉族以及江南其他少数民族的武技互相融合、取长补短，促进了苗族武术的进一步发展。

知识链接

苗族武术的"三打三不打"

苗族武术还有"三打三不打"的说法，即：在生死关头时，敌犯我时我必打，对无意伤害者不打；对欺侮我族者打，对被我击败而求饶者不打；对肇事的恶首要打，对被胁迫无辜者不打。这些戒律，同样反映了苗族人民安身立命的心理要求。

景颇族刀术

景颇族为我国古代羌族的一支，因战争和生存的原因由青藏高原逐渐南迁，现主要聚居在云南德宏州。在漫长而艰辛的迁徙过程中，其先民以刀为武器自卫御敌，以刀为工具伐木盖房。刀成为财富的象征，是一个男性剽悍能干的标志。他们有两则谚语："男人不耍刀、不能出远门"，"刀能砍出地，人会种出粮"，从这两则谚语中不难想象刀与景颇族生活的密切关系。

景颇刀术种类较多，基本上分为"文蚌拳"、"彪赞拳"两类。文蚌拳是一种花样刀术，姿势优美大方。以象脚鼓伴奏，动作根据鼓点的快慢和轻重进行。不同年龄有不同练法，对身心健康，增强体质很有好处，几乎所有的男子都会表演几套，这种刀术主要是在节日作表演用。

彪赞拳是一种攻防性强的刀术，步伐变化多样、速度快、柔中有刚、刚中有柔。身体姿势为全蹲或半蹲，据说这是防御需要，人站立空间面积大，易被击中，因此采用跳蹲的防守。跳蹲中，窥测对方的漏洞，然后伺机进攻。彪赞拳所用的刀，是秃头的，所以在景颇刀术里没有刺的动作。

随着社会的发展，长刀作为打仗的武器和劳动的工具，其地位已经不如以往重要，但在景颇族的生活中，长刀仍无处不在，仍是景颇族男子汉形影不离的伙伴，就连民间舞蹈也离不开。"庆丰收"、"庆胜利"等几种舞蹈从开始到结束都是在刀光和人流中进行，处处显示着长刀的威力。

"庆丰收"刀舞反映了完整的生产过程：

景颇刀

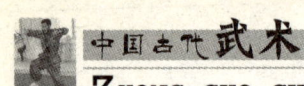

舞前要在场中央放两把长刀，舞者出场向四周观众敬礼，然后踏着节拍起舞，看着地上的长刀，用刚柔的舞姿抒发对长刀的厚爱，双手慢慢拿起长刀轻盈舞动。通过快、慢、展、收的舞刀姿势，活灵活现地反映劳动的艰辛、丰收的喜悦。

"庆胜利"刀舞则包含很多打斗内容。过去，景颇族有一种叫"以弯弯"的模拟战争的舞蹈，出征前或凯旋后都要跳。舞者右手持刀，左手持野猪皮制成的盾，以跳跑步为基本步伐。前进冲杀时右手抽刀。后退则以左手持盾护身。在象脚鼓的伴奏下，忽而单刀砍劈，忽而双刀对斗。舞蹈高潮时，所有男子双手握刀胯膀抖动，双膝并拢半蹲，跺步横跨，边唱边喊边舞，动作刚健有力，表现了景颇人民的勇敢精神。

另外，景颇族还有很多自娱性的刀舞，男子汉们稳健地挥舞双刀，跳起集体舞蹈，这神奇而富有魅力的舞蹈常常让人沉湎于狂欢的场面之中，使人振奋不已。

回族武术

回族素以强健、勇武、团结和不畏强暴著称于世，自古以来，凡回民聚居的地方大都有尚武的习俗。回族武术内容丰富、门派繁多，包括各种拳术、器械套路几十种，它将中华武术各门各派融会贯通，并结合回族人民的社会生活实践和风俗习惯，经过多少代人的努力钻研和实践，逐步形成、丰富、完备和发展起来。

而且，回族武术的发展与明朝有着紧密的联系。

元末以朱元璋为首的农民起义队伍中有一些回族将领，如英勇善战、武艺超群的开国元勋常遇春、胡大海等。他们为朱元璋建立明朝立下了汗马功劳。这些人武艺高超，虽然没能自立门户创立新武术，却为今日回族武术的繁荣奠定了坚实的基础。

任城李氏查拳

明朝中期，新疆人查密尔创造了著名的查拳。查密尔应明朝皇帝征诏，东征倭寇，在经山东冠县张尹庄时，传授给当地人民一套拳术，当地人民便将此拳称为查拳。从此以后，查拳便从冠县流传下来，冠县也被人称作查拳的故乡。到了明朝末年，回族武术已经较为普遍，并且形成了自己的独特风格。崇祯十五年（1642年）李自成围陈州时，当地清真寺组织三百多名会武回民成立清真营；明末还有以马守应为首的回民部队参加了起义军，这表明当时回族武术已经广泛流传。

到了清代，回族武术获得了长足发展。各地清真寺内纷纷设立习武场，每天晨昏，大家都聚在一起习武弄棒、探究武艺，涌现出了一批又一批的回族武术大师。例如：被称为"北方八门拳术之初祖"的吴钟、清末民初的"神力千斤王"王子平、震威将军马龙图、一举挫败了两个俄国大力士的丁发祥等等，他们有的自创武术套路，有的吸收改编他人的武术套路，极大地丰

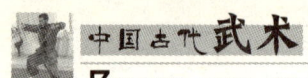

富了回族的武术宝库，为中华民族武术的发扬光大做出了很大贡献。

回族武术非常强调实战性，动作朴实，徒手套路众多，有"教门弹腿"、"查拳"、"通臂劈挂拳"、"心意六合拳"、"八极拳"、"回民七势"等。

查拳可称为回族武术的代表拳种，其招法飘逸、姿势优美、套路环环相扣，每路拳都套着弹腿的用法，跑、走、飞、打，变化起来，十路拳可演化成五十多路，且实战性强，是中华武术中的瑰宝。教门弹腿则是从回族原始武术演化而来的，在清代陕西回民起义军中，弹腿为士兵必练的架子功。弹腿套路严谨，骨力筋道，静则端正舒展，动则出击迅速，是回族优秀的武术套路。

回族武术器械除刀、枪、剑、戟、棍、鞭、锤、钩、铲、斧等一般器械外，还有十分罕见的杆子鞭、哨子棍、峨眉刺、索来拐、龙爪钩等，且带有明显的民族特色。

练习回族武术首先要练石锁。石锁是用重十多斤的石块凿成，安上一根木柄，形状如同一把旧式大锁。演练时用手握住手柄作举、摆、抛、接等动作，技艺高超的人演练石锁时可以变换多种花样，时而把石锁从胯下抛起，时而猿臂轻绕从背后接住，也可两人对接，对于增强体力大有裨益。

新中国成立后，回族武术得到了进一步传承和发扬。山东、河北等地回民纷纷成立回民武术研究所及各种武术协会，广泛开展群众性武术活动；老一辈武术大师则挖掘整理濒临失传的传统技艺，并纷纷收徒授艺，一批回族武术健将涌上全国及省、地、市、县各级武坛。如：河北孟村的刘秀萍、常玉刚、刘连俊等，曾多次在全国武术比赛中夺得金牌。在群众性武术广泛开展的基础上，一些回族知识分子著书立说，对回族武术的历史、流派进行了系统的总结和阐述，对其传承和研究作出了巨大的贡献。

回族武术同其他文化一样，是中华民族的宝贵文化遗产，是中华武术的一个重要组成部分。随着国际文化交流的日益扩大，回族武术定会被世界人民所认识和喜爱。

彝族武术

彝族主要分布在云南、四川、贵州、广西等省份，曾被称为诺苏泼、纳苏泼、聂苏泼、改苏泼、撒尼泼、阿细泼等，解放后根据彝族人民意愿统一称为彝族。"彝"，从汉文字义上来讲，有庄重古老、丰衣足食的意思。

彝族人民酷爱武术，李京的《云南志略》就曾记载了很多视死如归的壮士。彝族妇女也是英雄，据《盗防志剿辅事略》记载："妇人能执兵，孺子习于超距，飞石弹丸，洞中毫米。"可见彝族是一个崇尚武术的民族。

彝族武术包括"决打"和"花梢"两类。"决打"，即敌我双方你死我活进行对打，也就是对练和散打，攻防性很强。武艺高超的彝族人不但在山寨中有很高威望，就是在异地村寨也很受尊敬。"花梢"则着重表演，表演时夹杂民乐伴奏，或在跳花鼓中进行，动作熟练，花样较多，吸引力强，可以达到锻炼和娱乐的双重目的。

彝族刀术流传较为广泛，主要有短刀、长刀、小刀、大刀之分，长柄刀中又因刀法各异而有"关公刀"、"蔡阳刀"、"梅花刀"、"春秋刀"几种，这些刀术大部分属于祖辈相传。关公刀由拖刀上阵、举刀亮相、挥刀护身、飞刀回马等动作组成；蔡阳刀的基本动作则由背刀上场、试刀、左右转身砍杀、亮相、前进、拖刀再杀等组成；梅花刀的基本动作由持刀上阵、试刀、梅花刀路、左右砍杀等几种动作组成；春秋刀历史悠久，刀术为世代相传，舞刀时，有单刀独杀和双刀对杀之分。

早在清朝时期，云南禄丰、楚雄、镇南、定远、元谋等地民间就很盛行彝刀，每逢正月过年，不少村寨都要举行武术表演。如今每年农历六月二十七日，云南禄丰县高峰乡仍然举行"大刀会"，届时，锣鼓齐鸣、大号吹响、铁炮隆隆，一队队戴着诸葛亮、关公面具的武士，手执大刀、梭镖，在一束大火把和数面小红旗的引导下，冲向3座山头，开展刀术表演。

中国古代**武术**
ZHONG GUO GU DAI WU SHU

彝族武术运动员

　　大刀会起源于众所周知的七擒孟获的故事。三国时诸葛亮擒孟获后仍封孟获为南蛮王，还派汉人帮助南蛮种植稻谷、在南蛮传播先进文化。后来，孟获病危，临终时仍念念不忘诸葛亮的恩德，但又担心在他死后诸葛亮改变既定政策。于是，孟获口咬长须，久不闭目。诸葛亮闻知后，立即派夫人亲临孟获榻前看望，表示诸葛亮的政策一如既往，决不改变。孟获闻听后才"噗"的一声，吐出长须，瞑目长逝。后来，彝族人民为了纪念孟获逝世和彝汉民族团结，在每年六月二十六日这天举行庆祝活动。

　　彝族的棍术也很有特色，有花棍、前门棍、骑马棍、棍棒对练等。在牟定县江坡乡龙排村流传着一种类似"金骨棒"的齐眉棍，高不过眉，粗能手握，用坚硬的木料制作。其打法大体与春秋刀相似，单打、对打均可，男女都能操用。这种齐眉棍在操练到紧张时，舞者犹如在棍影圆圈之中，使人眼

花缭乱，目不暇接。

此外，彝族还有射弩、流星等奇特的器械功夫。流星是彝族祖先流传下来的一种民族武艺，流星即流星锤，是武术器械中的一种软兵器。它由一根一丈五尺长的绳索及绳索一端的小铜锤构成，铜锤大如鸭蛋，舞动起来快如飞，有如划破夜空的流星一般，故而得名"流星"。

清朝初年，彝族各村寨各民族由于事务纠纷常引起格斗，为了抗敌自卫，彝族人开始使用流星。随着时间的推移，流星表演已成为彝族节日的传统活动流传下来，对活跃彝族人民的文化生活，增强体质都起了很大作用。

知识链接

流星舞动

流星没有固定的套路，由七至八个单动作连结而成，有"浪子踢球"、"金丝缠臂"、"青龙出洞"等，可由前后、左右、上下各个方向击打，只要舞动起来，对手在方圆两三米内不能近身，很容易击倒对方。流星的运动方法以缠、抛、抢、扫为主，要求演练者做到缠绕抛抢收放自如、软中见硬、力点准确。不论哪种招式，绳子在身上缠了多少圈，都能一招一招地解脱出来，打出去。老武师说"巧打流星顺打鞭"，就是说练流星要有巧劲。练流星要求有较高的灵活性、协调性和爆发力等素质，特别是颈、肩、腰等关节要灵活，因此特别适合于青壮年演练。

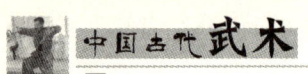

壮族武术

广西壮族武术起源很早，已经有两千多年历史的花山崖壁画就表现了很多壮族武术操练时的情景。花山崖壁画是两千多年前古越人所作，壁画里的武士们身高体壮，壁画中的战阵还展现了很多刀、剑、长枪、手镖、山弩以及竹箭等武术器械，这说明了早在两千多年前，壮族武术就已经颇具规模。

壮族拳是广西壮族人世代相传的武术，相传这一武术起源于唐元和年间的壮族族长。壮族人民在长期的狩猎中，观察和研究各种野兽的站立、蹲伏、奔驰、闪展腾挪的姿态和特征，并将豹的跳劲、蛇的柔性、鹤的轻盈、虎的雄姿等揉入壮拳套路中，形成了较全面的壮拳"十形"，不但丰富了壮拳艺术

壮拳（昂拳）格斗姿势

美的内容，同时也丰富了中华民族的象形武术的内容。

在宋仁宗庆历年间，著名的壮族义军首领侬智高精熟壮族拳，并将它广为传播。王安石曾称誉壮族兵将"粤右良兵，天下称最"。明孝宗弘治十年（1497年），壮族女英雄瓦氏夫人将这古老朴实的壮拳揉进了北长拳功架，使后来壮拳兼备大架子，这一功夫在抗倭前线大显身手，屡建奇功。

壮族拳吸收了壮族僳悍粗犷的特质，拳势刚烈、短打标掌、借声发力。该拳种采用"站桩"、"打沙袋"、"打树桩"、"走梅花桩"、"七步铁线基本桩功"等功法练功，进退起伏以四门为径，出入变化讲求轻、灵、捷、活四要，练习时以套路为主，很适合在广西山区演练。

壮拳现存的器械有15种，包括雪花盖顶刀、八卦良棍、白鹤棍、铁线棍、九子连环棍、九下手（棍术）、三叉、春秋大刀、三指铁钯、鱼尾叉、标、长板护身凳、飞砣、竹篙枪术。现代壮拳各种流派的代表人物有：桂南龙州的农式丰、钦州的覃明高和谭永能，桂西北的宜山蒙国栋，桂西的田阳黄大略、李永茂、黄祖全等，他们的壮拳演练十分纯熟，对壮族武术的发扬光大作出了巨大贡献。

知识链接

蒙古族搏克

"搏克"是蒙古语，可译为摔跤，有结实、团结、持久的美好意义。搏克是目前世界上流行的摔跤运动中，保持民族特色最完整的对抗性竞技运动。

蒙古族搏克有奇特的习俗，参加比赛的人数必须是8、16、32、64、128

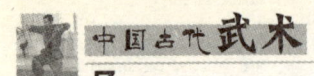

> 等等，不能出现奇数。比赛的选手不分地区、不限年龄、不限体重，除互比力气外，招数与技巧也是决定胜负的重要因素。其主要动作有踢、拧、闪、捉、拉、扯、推等 13 个基本动作，招数有勾子、拌子、坎子、别子等。各个大招数中又有很多小招数，比赛中随机应变，灵活运用。

德昂族武术

德昂族散居于我国云南省西南部，历来性勇好武，所习练的武术祖辈相传至今。德昂族武术内容繁多，最突出的是"左拳"和"梅花拳"。

左拳是德昂族的看家拳之一，拳路灵活多变，迎战对手时，最后都以左手出击的绝招取胜，故德昂族有左手定乾坤之说。梅花拳始于明朝末年，因在半米高、大碗口粗的梅花桩上练习拳脚，故称梅花拳，此拳一直沿袭至今。德昂族拳术具有防守严密、出击利索、力度猛等特点，既供观赏，又有防身自卫的实用价值。

德昂族武术除拳术外，还有棍、刀、剑、叉、勾、镰等器械。棍有德昂棍、十二步棍；刀有单刀、十二步双刀、十七步刀等，这些器械功夫出击利索、坚韧勇猛，被广为传承。

在德昂族的器械功夫中还有十分奇特的射弩、打铜炮枪和泥弹弓。这三种功夫是长期生活在崇山峻岭中的德昂族人生活、生产中不可缺少的自卫武器，同时也是一种狩猎工具，因此有广泛的群众基础。德昂族的泥弹弓是猎鸟工具，形状略似弓，制作也较为简单，在竹片上绷上麻线或牛筋作弦，弦的中部用篾编成一个小方框，用来安放泥土搓成的圆形泥弹丸。

梅花拳

德昂族的武术在反抗外敌入侵中做出了巨大的贡献。抗日战争时期，保山地区的德昂族拳师王四墨，在日军侵入保山时，曾用长刀砍死过3个日本兵。中华人民共和国成立后，王四墨代表保山地区多次参加全省民族运动会，表演德昂拳术和刀术，使鲜为人知的德昂族武术得以发扬光大。

土家族武术

土家族自称"毕兹卡"，意为"土生土长的人"。两千多年前，他们定居于今天的湘西、鄂西一带，与其他少数民族一起，被称为"武陵蛮"或"五溪蛮"。宋代以后，土家族单独被称为"土丁"、"土民"等。最终在新中国成立后，根据这个民族人民的意愿正式定名为土家族。

土家族崇尚武术已有千载历史。土家族的首领为巩固其统治，建有土司武装，平时习武，战时为兵。在长期的起义暴动和民族斗争中，土家族的武术不断地发展。西汉末年，"五溪夷"首领田强率众支持绿林、赤眉起义；建武二十三年（公元47年），"零阳蛮"相单程起义，汉武威将军刘尚、伏波将军马援相继率兵镇压，起义最终失败。在唐、宋、元、明各代，土家族更是起义不息。明嘉靖年间，倭寇为患，永顺、保靖等土司率兵赴战。清朝限制民间习武，实行刀枪入库政策，土家人改习拳棍，以防为主。道光二十一年（1841年），保靖士兵与清兵并肩抗英于广州乌涌，击毙英军二百多人。

土家族生活地区山势险要，需要练就在狭路、绝壁、险峰之地制敌取胜的格斗本领，因此拳棍功夫十分独特，拳棍以防为主，防中有攻，在防攻中进，变换中胜，手法因时、因地、因人、因物不同而异。在攻防中注意从上、下、左、右、中五个方位制订五种攻防措施，每种又有五种变换手法。

土家族拳术多用贴身短打，动作迅疾，拳势猛烈，刚劲有力，最厉害的要数粘功、策手和点穴。粘功，即内功或暗功，"经无形之意致有形之表"；策手，即攻防擒解脱技巧，有三十六功、七十二防，共计一百零八手；点穴、神打，即击穴功夫。另外，土家族的棍术分策棍、花棍两大类。

土家族拳术中的鸡拳也十分独特。相传是土家人观雄鸡灵活善战，有感而发创立的。鸡拳曾广泛流行于湖南、湘西一带少数民族之中。它以头碰、肩打、胯靠、爪抓、脚弹等为主，身法大开大合；手法多以状似鸡嘴的钩手。要求气沉心稳、步活劲坚，多以口借鸡鸣之声助势发力。

土家族武术中还有一些十分少见的功夫，如"背牛功"、"撞树功"等，各种武术的起源都十分独特。除了这些少见的功夫，土家族武术还有很多稀有兵器，如"烟袋杆"、"羊角叉"、"八角拐"、"袖内叉"等。这些器械大都源于生产工具或器皿，有携带方便、一物多用的特点。在技击中，这些器械兼有多种器械的功能，令人防不胜防。

新中国成立后，土家族民间武术逐步演变为体育和舞台表演艺术形式，作为中华民族武术文化的重要部分得以传承和发展，为中华武术的繁荣作出

了巨大的贡献。

知识链接

背牛功与撞树功

"背牛功"起源于一个牧童,他早晚背牛犊过溪,越岭放牧,时间长了,牛犊成牯牛,有千斤重,而牧童仍能背它过溪越岭,由此形成"背牛功"。"撞树功"则起源于一名看山老人。相传老人每天行走在山林中,累了靠树休息,困了靠树打盹,时间长了背靠出老茧而不觉疼痛。平时一靠树,斗粗的树干被靠得哗哗响,于是被称为"撞树功"。

藏羌武术

青藏高原素有"世界屋脊"之称,藏族的先民自远古时就分布于雅鲁藏布江中游两岸,以游牧为生。这个神奇的民族不仅创造出了藏族文化,也创造出了许多令人惊叹的藏羌武术。

藏族武术的起源与羌术有着密切的联系。远在秦汉时期,青藏高原一带居住着羌族人,他们在狩猎和斗争中,逐步形成了游牧民族特有的拳种——羌术。公元前112年,匈奴联合羌人攻占今居寨,汉武帝派李息率兵10万,进攻羌人,羌人败退至青海湖以西地区。此后,汉王朝与羌人的战争此起彼伏,羌术在战争中不断发展完善。晋代,鲜卑族占领了青海湖以西地区,他

们承袭"羌术"技艺，将其进一步发展。唐五代后，吐蕃王朝一度强盛，进行庞大的军事扩张，吞并了鲜卑族，统治着祖国的大西北。唐王朝和吐蕃通婚后，文成公主进藏，藏民吸收了羌术的优点，结合本民族粗犷剽悍的拳路，又吸收了跟随文成公主的汉族武士带去的中原武术，终于发展成为独具游牧民族特色的藏族武术。

藏族武术民间相传，十分独特，至今外界尚未解开其神秘的面纱。藏文经典《柔乃纳窝》记载："美功巴"和"隆功巴"是两门十分奇特的功夫。美功巴指练火功，赤身裸体，练丹田之气。功练成后，"身上发光，冬不冷，水火不入，刀枪不进"；隆功巴是吐纳术，坐蒲团念神经，裸体跳跃，足踢拳击，大汗淋漓，始为功毕。功夫练成，身轻如燕，有遁土可行、隐身防护的说法。

现在的藏羌武术大多以舞蹈的形式为外人所知。最有代表性的是武术舞蹈"克什儿·黑苏得"（意为跳舞时唱的歌），该舞蹈俗称"铠甲舞"、"跳盔甲"。这是一种古老的祭祀风俗舞，是为战死者、民族英雄或有威望的老年人举行隆重葬礼时跳的舞蹈，主要流行于茂县北部、黑水等比较边缘的山寨。跳盔舞一般由几人到十几人组成，跳舞者要头戴皮铠甲，手持兵器，分列对阵而舞，兵器飞舞，铜铃叮当，吼声震天，表现舞者作战时的威武气概，使粗犷淳朴的古代民风跃然再现。

藏族的很多节日庆祝活动也充满武术的影子。据《西藏志》载：正月十五藏族宗教仪式后，还要进行赛马、摔跤、武术等表演。在"谷场巡行"、"天旱求雨"或者祭"俄博"时，草原上周围数十里牧帐，"闻螺号声"而至，还会举行赛马、射箭、武术、摔跤等活动。目前，在藏族人民的语汇中也有不少有关武术器械的词，如：古浪（藏马）、打什吉后（鞭棍）、拉只（短剑）、多什吉后（套索）、多希侯（线锤）、东（矛）、大伊（弓箭）、唉什恰（炮石）等，说明藏族人民的武术活动史的确是源远流长的。

第三章

中国武术文化

　　中华武术具有渊源的文化底蕴。武术文化是中国传统文化的重要组成部分,与儒家文化、道家文化、佛家文化以及民俗文化都有着千丝万缕的联系。

第一节
传统哲学与中国武术

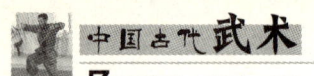

作为中国传统文化有机组成部分的武术，在其产生、发展和完善的历史进程中，受中国传统哲学的影响极深。哲学中的儒家、道家、释家、阴阳、八卦、五行以及天人合一等思想，在中国武术中都着深刻的反映，无不闪烁着中国哲学的智慧之光。历史上许多武术家也都在自觉或不自觉中运用了古代的哲学思想来阐释拳理，并且融会贯通地创造出不同风格的拳种。其中太极拳、形意拳、八卦掌等拳种对拳理的阐释与古代哲学思想联系最为密切，含有丰富的哲理性。

儒学思想与武术

儒家历来推崇"君子"文化，把"君子"的行为、道德规范作为"成人"的标准，希望人们都去努力达到。儒家的伦理道德思想，以及它所提倡的"文武双全"、"仁勇兼备"的思想，对武术的发展有着显著的导向作用。

儒家道德伦理强调"仁爱"，认为"仁"为"爱人之本"。以"仁爱"为基本伦理思想所派生出的"忠、孝、智、仁、勇、宽、信、敏、惠、温、良、恭、俭、让"等道德标准，一直被作为武术伦理思想的核心，被纳入道德伦理的范畴之中。

儒家学说认为：作为"君子"光有"仁爱"是不够的，还必须同时掌握"六艺"，即"礼、乐、射、御、书、数"，其中"礼"、"射"、"御"都和武术密切相关，即"仁者必有勇"。《史记·孔子世家》中还指出："有文事者必有武备，有武事者必有文备。"这种追求文武双全、仁勇兼备的思想，使武术与中国文化完美融合到了一起。

由此，中国历史上出现了大批儒侠，儒侠文化也备受世人推崇。

古代儒侠以"为国为民，兼济天下"为宗旨，以勇敢入世的态度，兼济天下的志向，鞠躬尽瘁、死而后已的献身精神去行侠仗义。他们不只是在江湖上扶危济困，而且在国家遭灾受难、民族遭受凌侮之时能够奋不顾身，挺身而出，维护国家和民族大义。

司马迁的《史记·游侠列传》中记载了两类具有儒侠特点的人物：一类是游侠，如朱家、田仲、王公、剧孟郭解；一类是刺客，如曹沫、豫让、专诸、聂政、荆轲。游侠多惩恶扬善，抑强扶弱，重"然诺"，辨是非，其行为特征是路见不平，拔刀相助，"义"字当头。刺客则多以个人忠义为主，有固定的、单一的服务对象，甚至不分是非善恶，其行为特征是士为知己者死，"忠"字为先。游侠重在以"文"行侠，在风雨飘摇中笑傲江湖；刺客重在以"武"行侠，在刀光剑影中完成使命。

从战国时期游侠与刺客个人的素质来看，他们大都是战国时代出类拔萃的人才，智勇双全，并非头脑简单的一介武夫。如游侠荆轲，"为人深沉好书"，颇有修养。他行刺秦王嬴政前，制定了周密的计划，甚至抱定了必死的决心。临行前，荆轲高唱："风萧萧兮易水寒，壮士一去兮不复还！"歌声激昂慷慨，豪气干云。

对于当时的游侠与刺客来说，追求具有超越意义的"名"甚至比自己的生命更重要。他们"恩不忘报"，为的是"名高于世"。聂政毁容自杀后被暴尸于市，悬赏千金，试图弄清他的姓名与身份。聂政的姐姐聂荣闻讯后心想：

荆轲刺秦

弟弟是为了我而毁容的,"爱身不扬弟之名,吾不忍也"!于是至闹市抱尸恸哭,连呼:"这是吾弟聂政!"然后自杀于聂政尸体旁。正如史学家所言:聂政之所以能名扬后世,是与其姐姐甘冒杀身之祸以传其名分不开的。在为侠者看来,聂政也是死得其所。

明末清初的大思想家王夫之在《读通鉴论》卷三中谈到秦汉之际的历史时,感慨万千,大发议论道:"上不能养民,而游侠养之也。"

不过,由于时代的局限性,上古时代中国的"侠"并不具备完备的道德理性。在司马迁笔下,侠客们主要是知恩图报,重信守诺,轻死重义。他们对个人尊严看得太重,受了他人的恩惠就会觉得自己的人生有了亏欠,必须不惜一切代价去偿还。

秦汉以后,侠士已不限于报答和自己有特殊关系的人,转为较普遍地助危济困,所以更加具有理想主义和浪漫主义的色彩。为国为民的忠诚观念是儒侠最为崇高的民族品格,北宋时,武侠已经普遍将"救民于水火"、"为民鸣不平"视为自己的职责和义务。南宋之后,由于异族入侵,倭患横行,民族矛盾十分尖锐,武林中人纷纷以民族大义、国家利益为重,奔赴抗敌前线。明代的《云间杂志》中记载的隐迹风尘的丐侠张二郎,为抗倭而从军,"时斩

倭首以献",屡建奇功。但在朝廷论功行赏时,他却把赏给他的银牌犒金全部交归府库,自己分文不取,其爱国之心拳拳可见。近代武师霍元甲,创办精武体育会,以"爱国、修身、正义、助人"作为办会宗旨,并以"不准以我之拳头加于同胞身上"为根本戒律,被武林誉为"精武精神"。

古代大量的文学作品也塑造了许多儒侠形象,如唐代笔记小说《红线》中的红线女、《近代侠义英雄传》中的霍元甲等,都是仁勇兼备的儒侠。他们既具有为远大理想而积极行动的大侠品格,又是以国强民安为己任的儒家典范,有着巨大的楷模力量。"为国为民,侠之大者",这种"大侠精神"就是侠义传统与儒家最高价值标准完美结合的产物,是成熟而完整的武术灵魂。而那些具有"为国为民"情怀的侠士,则成为中华民族理想中最完美的英雄形象,一直受到国人的尊重和敬仰。

阴阳思想与武术

古人认为:人类与宇宙万物都是由阴阳互动而生,阴阳学说是《易经》最核心的内容。

阴阳的初始概念是十分朴素简单的,就是表示阳光的向背,向日为阳,背日为阴,后来逐渐引申为气候的寒暖,方位的上下、左右、内外,运动状态的动与静等一切相对的事物与现象。中国古代的哲学家们进而体会到:自然界中的一切现象都存在着相互对立而又相互作用的关系,就用阴阳这个概念来解释自然界两种对立和相互消长的力量。正如《素问·阴阳应象大论》说:"阴阳者,天地之道也,万物之纲纪,变化之父母,生杀之本始。"由此可见,阴阳的规律是自然界一切事物固有的,世界本身就是阴阳两气对立统一运动的结果。

古代武术要求"顺阴阳而运动",这一思想在先秦时已见记载,其中最具特色的是春秋末年"越女"论剑和战国时《庄子》中的有关论述。

"越女"论剑认为:"道有门户,亦有阴阳,开门闭户,阴衰阳兴。"整

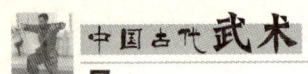

篇言辞都是以阴阳变化法则解说攻守制胜之理。《庄子》则认为攻防格斗的奇巧在于阴阳。他说："且以巧斗力者，始乎阳，常卒乎阴，大至则多奇巧。"并指出"奇巧"的要点在于遵循阴阳转化法则："夫为剑者，示之以虚，开之以利，后之以发，先之以至。"在武术格斗中，阴阳转化得当的一方就能以巧胜拙，后发先至。

古代武术一直基于"阴阳之道"的运动发展原则，不论何种拳术，都要维持体内的阴阳平衡，所以各种拳术都要"气沉丹田"。武术的技击运动中同样也蕴含着阴阳学说，无论是防守还是进攻，都离不开阴阳的变化。

到明代中叶后，古代武术发展达到了巅峰时期，但仍然以"顺阴阳而运动"为原则，这在武术大家戚继光和俞大猷的著作中都有体现。戚继光在《纪效新书》中的《长兵短用篇》、《短兵长用篇》中，通篇着笔于运用阴阳变化的法则，论述长与短相互为用的关系；俞大猷在《剑经》中，以阴阳转化法则揭示了转化刚与柔、动与静、先与后等对应因素的方法，提出了"顺人之势，借人之力"，"乘他旧力略过，新力未发"，"以静待动，以逸待劳"等攻防制胜原则和方法，被后世拳家视为不传之秘。这些制胜原则都是在阴阳变化理论基础上产生的，代表着古代武术阴阳理论的新高峰。

古代武术还强调以阴阳互根、阴阳消长、阴阳转化作为武术技法的基本原理，解释和规范拳法技理。

所谓阴阳互根，就是说阴与阳互相为根基。拳家认为：孤阳不生、独阴不长，要阴中有阳、阳中有阴。在做任何动作时，主动肌的收缩（阳）与对抗肌的舒张（阴）要有序配合，动作才会协调灵活。如：运用长拳时要辅以短打，运用短打则要辅以长拳，劲力要"刚中有柔，柔中有刚，刚柔并济"。在搏斗技法中，也讲究长兵器要能短用，短兵器要能长用。搏斗技法还强调：格斗时要"攻中有防，防中有攻，攻防互寓"。

武术家们还认为：每一个动作都是阴阳对立的，不可能永远保持平衡，势必此强彼弱，此弱彼强，这就是阴阳之间的消长之道。阴阳的消长必须符

合一定的比例，例如：一种手法的劲力有十分，柔劲多一分，刚劲就少一分。据陈鑫的《太极拳图书讲义》阐述：陈式太极拳刚与柔的比例就是五比五，这样才是易于变化的"妙手"。阴阳对立消长主要表现在双方搏斗之时，如果对手直劲打来，则可以横劲破解；如果对手前进，则可退而避之；如果对手后退，则可以进而击之，等等。

阴阳转化其实就是阴阳互补的原理，习武者要注意采用从一定状态反向入手的技术方法和训练步骤，在套路演练技法中，则遵循"意欲向上，必先寓下；意欲向左，必先右去"的动作路线规律。阴阳转化原理体现在武术训练中，则表现为"静中求动"、"动中求静"的训练方法。练习武术时一般要求先练静功，由静功提高人体对外界的感觉能力，再在意识的支配下发起动作。如果练功时，思想静不下来，思绪烦乱、杂念纷争，则采用动功，使思想在注意动作要领、动作路线、动作含义、气息与动作配合的过程中排除杂念，达到相对静的状态。这就是阴阳转换之道。

五行思想与武术

五行是指木、火、土、金、水五种物质的运动。我国古代人民在长期的生活和生产实践中认识到木、火、土、金、水是必不可少的物质，由此认为世间一切事物都是由木、火、土、金、水这五种基本物质的运动变化生成的。这五种物质存在着相生相克的关系，在不断的相生相克运动中维持着动态的平衡，这就是五行学说的基本涵义。

五行思想在古代运用广泛，统治者把它作为治理国家的法则；兵家则用五行阐述胜负因素的相互关系；医家把五行与人体内外、自然环境结合起来观察病理变化；武术家则以五行结合拳式、结合人体，用以解说拳理，并作为锻炼法则。在以五行学说为理论基础的武术中，五行拳是最为突出的代表。

五行拳是形意拳的基本拳法，包括劈拳、钻拳、崩拳、炮拳和横拳，由

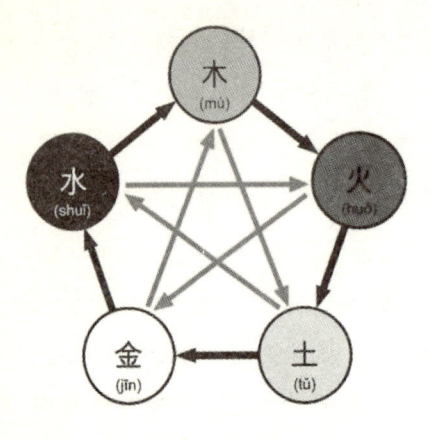

五行图

于该拳以五行理论解说五拳拳理，因而被命名为"五行拳"。武术家们根据五行所具有的突出特点，提出了对拳法演练的具体要求和内涵意义，如劈拳属金，其形似斧；崩拳属木，似箭离弦；钻拳属水，形如闪电；炮拳属火，其形似炮；横拳属土，滋养万物，为五拳之母。

由于木、火、土、金、水相互滋生，五行拳便也存在着相生的关系。据《形意母拳》阐述：在五行拳中，劈拳能生钻拳，钻拳能生崩拳，崩拳能生炮拳，炮拳能生横拳，横拳能生劈拳。所谓"生"，就是变化，由此式变换为彼式。按照这一顺序串连五拳进行演练的套路就是"相生拳"。在实际运用中，任何一拳都能生各拳，形式灵活，不能拘泥。

五行不仅相生，同时还相克，因此五行拳也存在相克的关系。劈拳能克崩拳，崩拳能克横拳，横拳能克钻拳，钻拳能克炮拳，炮拳能克劈拳。所谓"克"，就是克制，以此式克彼式。按照这一顺序串联五拳进行演练的套路就是"相克拳"，也叫"五行炮"。

形意拳依据中医理论及五行学说，还衍生出五行配五脏说，即：劈拳属肺、钻拳属肾、崩拳属肝、炮拳属心、横拳属脾。因此练习五行拳能够锻炼人体生理五脏功能，劈拳养肺、钻拳养肾、崩拳舒肝、炮拳强心、横拳利脾，坚持修炼，日久天长，自会阴阳平衡、身体健康。

八卦思想与武术

八卦学说是一门庞大的科学思想体系。早在五千多年前，中国先人通过长期探索，认识到宇宙是个万物一体的大系统。由于整体间各个局部的相互

关联，大自然表现出极强的规律性，即为无极生太极、太极生两仪、两仪生四象、四象生八卦，这是太极衍生八卦的基本理论。古人就是根据这种理论逐步建立起来朴素的唯物论和辩证法。

什么是八卦？八卦是在肯定宇宙间相互关联的万事万物运动规律的基础上，推测事物的发展和走向，又把发展理解为各种矛盾趋向和谐与不断往复的过程。古人将这一规律加以总结，得出在不同时刻、不同情况下的表现状态，并从颜色、位置、动作、方向、对象、物质、气味及转换过程等方面做了归纳。

八卦与中华武术的紧密联系主要体现在八卦掌中。八卦掌是武术中的一个拳种，原名"转掌"。由于该拳主要运动方式为绕圆走转，所绕圆圈正经过八卦的八个方位，又以人体各个部位比对八卦，于是被称为八卦掌。

八卦掌的基本八掌分别比附为乾卦狮子掌，取象为狮；坤卦返身掌，取象为麟；坎卦顺势掌，取象为蛇；离卦卧掌，取象为鹞；震卦平托掌，取象为龙；艮卦背肾掌，取象为熊；巽卦风轮掌，取象为凤；兑卦抱掌，取象为猴。八卦掌还借用八卦的一套数术，来规范拳技的层次性和系统性，以八个基本掌法比附八卦的数目，以六十四掌，分为八组，每组八掌，比附八八六十四卦的数目。

八卦掌还较为全面地采用"易理"作为拳技的理论依据。"易理"，即解释八卦图形含义的理论，包括简易、变易、不易三种基本思想。八卦掌不仅以"易理"说拳理，还以易理规范拳技。

"易理"认为："易则易知，简则易从。"只有简易的道理，才便于明了；只有简易的法则才便于效法，这就是简易的思想。八卦掌的拳理和拳技就效法了这种简易之理。八卦掌向左沿圆绕走称为"阳仪"，向右沿圆绕走称为"阴仪"，象征着阴阳的

八卦图

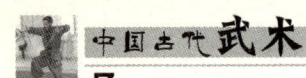

左右绕走,这是八卦掌区别于其他拳术的基本运动特征。八卦掌掌法的变化都是将攻防招术融于沿圆走转,运动特点都必须符合绕走的规律。

其次,"易理"认为天地及万物万象都处在不停的运动变化中,这就是"变易"的思想。八卦掌效法这种变易思想,将沿圆绕走和攻防拳式融为一体,使走转招式像天体运行一样,周而复始,没有中断。对敌时也要不停地走转与对手周漩,避实寻虚,避正寻斜,讲究以动制不动,以快动制慢动,形成了"以动为本,以变为法"的八卦掌技法总则。

"易理"还认为"动静有常",认为天地间万物万象的变化都按照一定的规律循环不已,这就是"不易"的思想。八卦掌按照这种不易思想,形成了八卦取象、取身不易、运动技法原理不易的定则。例如:"胸空腹实"等身型要领、"拧旋走转"等运动技法、"滚钻争裹"等劲法原则等,都是习练八卦掌者必须遵守的不易法则。

由此可见,八卦思想不但为哲学思想建立了不可磨灭的功勋,还同太极、阴阳理论一样渗透到中华武术的理论当中,为中华武术的进步发展做出了巨大的贡献。

《孙子兵法》与武术

《孙子兵法》亦称《孙子》、《孙武兵法》,中国古代军事名著,春秋末年孙武著。《孙子兵法》本文"十三篇"——计篇、作战篇、谋攻篇、形篇、势篇、虚实篇、军争篇、九变篇、行军篇、地形篇、九地篇、火攻篇、用间篇。《孙子兵法》中朴素的军事哲学思想、谨慎的战略思想和灵活的战术思想,对武术格斗理论的形成有重要影响。《孙子兵法》提出了"知彼知己,百战不殆","攻其无备,出其不意","后人发,先人至","说道十二法"等,皆被拳家作为搏斗的基本法则。

1. "知己知彼"。孙子在《孙子兵法》中提出的这一指导战争的最为重要的原则被直接汲取为武术技击的指导思想。如王宗兵《太极拳论》强调"人不知我，我独知人"；太极要诀指出"以己粘人，必须知人"；《走架打手行功要言》中也谈到"欲要引进落空，四两拨千斤，先要知己知彼"。因此"知己知彼"是武术技击取胜之先决条件，也是军事理论应用于武术实践的典范。

2. "兵之情主速"。孙子说"兵之情主速，乘人之不及，由不虞之道，攻其所不戒也"，这是说明用兵的关键在迅速，乘敌人措手不及，出其不意，攻其不备。武林中交手之理与军事上用兵之道相通，速度在武术技击中同样重要。《内家拳》指出："打拳宜手捷、眼快、紧逼先施"；少林拳谚讲："手似流星眼似电，身似游龙腿似箭"，形意拳要求"起如风，落如箭，打倒还嫌慢"，《形意拳》规定"七疾"："眼要疾、手要疾、脚要疾、意要疾、出势要疾、进法要疾、身法要疾。习拳者具此七疾，方能制胜。"如此等等，孙子的"兵情主速"的思想，在武术中有极其广泛的运用。

3. "避其锐气，击其惰归"。孙子指出，两军作战，要避开敌军的锐盛之气，待敌军气势衰懈再出兵进击。如武术中讲究避实就虚；斜力击直力；在旧力已尽、新力未生之际给予打击。

4. 诱敌上当。孙子提出："兵者，诡道也。"为避敌锋芒而制胜，诡诈之道是兵法的一条普遍规律，在武术技击上的运用多为诱敌上当。中国武术众多的拳种中，有不少迷惑对方的招式技法，如把自己的长处隐蔽起来，而故意露出短处或破绽来引诱敌手犯错误。

军事武艺与武术同有技击性的特征，因而它们在技击之术、战略战术思想上相互渗透、相互促进。军事与武术密切的联系构成了中国文化一个复杂而又精深的历史现象。

太极思想与武术

"太极"一词初见于《周易》一书。《周易·系辞上》曰："易有太极，

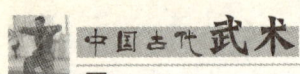

是生两仪。"这里的两仪即阴阳，太极则以阴阳为内涵，是衍生天地万物的本源，正所谓"一阴一阳之谓道"。朱熹也认为："总天地万物之理，便是太极。"在探索太极义理的同时还出现了一些以阐释"易有太极，是生两仪"为目的的"太极图"。

知识链接

太极图

《太极图》最初由五代至宋初的道士陈抟传出，原名叫《无极图》。陈抟对内丹术和《易》学都有很深造诣。据史书记载：陈抟曾将《先天图》、《太极图》以及《河图》、《洛书》传给其学生种放，种放又传穆修、李溉等人，后来穆修将《太极图》传给周敦颐。现在我们看到的太极图，就是周敦颐所传的。

太极图是由黑白两个鱼形纹组成的圆形图案，俗称阴阳鱼，它是中国古代哲学思想的核心内容，是对自然界一切事物发生、发展变化规律的高度概括。整个太极图呈圆形，象征着事物永恒、循环式的运动状态，也象征人的生命起源。太极图图面黑色为阴，白色为阳。黑白相依，相抱不离。白鱼黑眼代表阳中有阴，黑鱼白眼则代表"阴中有阳"。古人认为：阴阳互不相离，相互消长，相互转化，由此产生了万物。

白鱼与黑鱼之间由一条反"S"形曲线分开，这说明事物的阴阳双方并不是截然以直线的方式分开的，而是彼此相互依赖、互为所用的；同时也指出事物任何一方均不能脱离另一方而单独存在，事物的阴阳双方既对立又统一，彼此协调和谐而又相互制约，共同维持事物阴阳双方的动态平衡。

> 此外，太极图也表示事物是不停运动的，或者阴消阳长，或者阳消阴长，处于不断变化的过程中。阴阳鱼的鱼眼又是一个小太极图，这说明阴中有阳，阳中有阴，阴阳之中又可以再分阴阳，事物的发展是无限的，事物划分阴阳也是无限的、无穷无尽的。

随着古人对"太极"理、象研究的发展，太极思维中的阴阳辩证法则逐渐被作为认识问题和解决问题的根本法则，渗透到中国人的生存方式中，形成中国人的一种思维方式。由此，太极也影响着古代武术运动的发展，太极拳的出现就是"太极"文化的思想内涵在武术上的最好体现。

太极拳是以太极文化为理论创造出的一种武术套路，文化长期衍化发展成为中华传统文化的一朵奇葩。比照太极图来看，太极拳中动静、刚柔、虚实、开合等对立统一状态，与太极图的阴阳消长、转化规律是一致的。太极拳的动作圆活，招招不离弧形，式式都像圆形，使整套动作圆转连贯、一气呵成。太极图也是置于平面圆形中，而且双鱼环绕，恰如练习太极推手时两人双搭手的形态。练习中双方臂膀组成环状不断变化，你进我退，粘边黏随，正符合彼阴吾阳、相互消长、交替变化的道理。

太极拳家认为，太极是一切的原动力，宇宙既有太极，人身也有太极，而且人身的腹部就是太极，所以《太极十三式歌》中说："命意源头在腰隙，刻刻留心在腰间。"

宗教思想与武术

在中华武术史上，一个值得注意的现象就是武术与宗教结下了不解之缘。

中国的宗教严格说来是一个复合体，是各种文化观念、伦理观念、社会观念的综合物，作为一种意识形态，宗教在武术的发展过程中影响巨大。

1. 武术流派多为宗教信仰者开创

在民间传说中，主要武术流派的创始人大都是宗教信仰者。民间传说：少林武功的创始人为南北朝时期南印度禅师菩提达摩；武当武功"发源于武当山道士张三丰"；形意拳创始人则为山西姬际可。虽然姬际可并不是出家僧道，但受宗教思想影响颇深，据其《自述》记载：他曾上嵩山少林寺习武近十年，"颇得少林秘法，尤擅大枪诀术"，可见他也是一位信仰宗教的武术大师。另外，八卦掌、八极拳、燕青拳、迷踪拳、秘踪拳等门派创始人也都与宗教有着直接的联系，可见中华武术与宗教关系极为密切。

2. 武术内容与宗教密切相关

中华武术内容丰富、流派众多，少林和武当是最具代表的两大流派，有"北崇少林，南尊武当"之说。据万籁声《武术汇宗》记载："宗派分少林、武当两派，少林宗初祖菩提达摩大师，武当宗洞玄真人张三丰祖师。少林为外功，武当为内功，各有精微造诣。"

这两大门派武术的思想理论、技术战术、内功修炼都深受宗教影响，其中道教文化对于武当等内家拳的影响尤为突出。因为道教乃是本土宗教，更具民族性，使中华武术不仅具有高度成熟的技巧、迷人的神韵，而且蕴含着深刻的哲学思想，进一步增强了武术的独特魅力。

道教提出"我命在我，不在于天"的主张，

菩提达摩大师

不信天命、因果，主张通过后天种种炼养手段实现强身健体、脱胎换骨、超凡入仙、永享仙寿。道教以"道"和"德"作为宗教信仰和行为实践的总原则，以清静为宗，以虚无为体，以柔弱为用，提倡无为、主静、抱一、守朴、寡欲、贵柔、尚雌、崇阴及炼精、炼气、炼神等。

这些道家理论被明清以来的武术家们所学习、掌握、吸收，进而成为武术特别是内家拳的技击原则和理论依据。武术家们以"道"为指导，刻苦习武健身、修心、养性；以"德"自律，培养自己的武德和高尚情操。在技击原则方面，提倡"以柔克刚"，"以静制动，后发制人"。武术对道教文化的吸收，不仅表现为概念上的移植与借用，而且广泛用于指导武术的动作、招式、步法、套路和技术应用。道教气功，特别是内丹功，被广泛用于武术的技能锻炼中，甚至出现了所谓"金钟罩"、"铁布衫"的硬功夫。

由此可见，宗教与武术相结合，不仅推动了中华武术史的变革与进步，也使宗教文化成为中华武术文化中不可或缺的组成部分。

3. 僧道习武促进武术普及与发展

魏晋南北朝时期，中国的道教文化、佛教文化得到巨大发展，形成了儒、释、道三教互相争夺、互相吸收又互相配合的鼎立局面。寺院、道观不仅经常接受信徒的财物施舍，而且已开始从事经营土地及其他各种营利活动，让寺院积累了巨额的财富，其安全性难免不受到各种势力的威胁。这就使僧人习武成为必需，又使武僧的出现成为可能。

同时，宗教寺院的环境也有利于武术的演练和发展。宗教寺院、道观遍布各地，且多在远离城镇村落的深山名胜之处，生活条件往往较为艰苦。登高爬山，需要脚力；砍柴担水，需要臂力；夜黑风高，需要胆气；蒲团从禅，需要毅力。为了对付随时而来的禽兽或歹徒、强人袭击，僧人习武是很正常的。而开阔宽敞的庭院，优雅静谧的环境，也正是练武的理想胜地。在那种

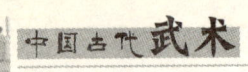

自然环境下，观察禽兽动作，思考某些令禽兽长寿之奥秘，并受启发编制出一些模仿性的武术动作，是非常可能的。

中华武术史的大量资料表明，许多闻名遐迩的宗教大师都是武林高手。如：北齐时少林寺僧慧光与稠禅师；唐代少林寺以昙宗为代表的十三棍僧；宋代编撰第一套《少林拳谱》的少林寺方丈福居，有"少林第一武尼"美称的智瑞等，他们对中华武术的普及与发展都不同程度地做出过贡献。

4. 反压迫斗争使宗教与武术结合起来

中国历史上各种宗教信仰者都曾揭竿为旗，斩木为兵，发动过一次又一次反对封建王朝的起义。这一次又一次武装斗争实践，锻炼、培养了一批又一批武功高手，武术也正是在这种捍卫民族、捍卫宗教的武装斗争中逐渐形成并迅速发展起来的。

中国早期道教徒曾掀起一次又一次武装起义，如：张角、张宝、张梁利用太平道发动的黄巾大起义；李流、李雄领导的以五斗米道徒为主的流民起义；孙思、卢循领导的反晋斗争等等。其中有很多名不见经传的武功高手。

我国历史上还有过许多民间宗教组织，如：白莲教、罗教、黄天教、弘阳教、闻天教、圆顿教、八卦教、无为教、大乘教、混元教、龙天教、龙华教、收元教、清水教、长生教、天理教、白阳教、青莲教和义和团等等，教以百计。这些民间秘密宗教同洪秀全领导的太平天国革命一样，都打着宗教的旗号发动过政治斗争和武装起义。

许多反抗压迫斗争的造反者在失败后也隐姓埋名、遁入空门，以图自存或东山再起。随着这些人遁入佛门道观，世俗武术被带入僧道中。在精研各教教义后，他们将宗教理论与自己擅长的武术相结合，更将宗教徒原有的武功加以研究和发展。

由此可见，中国古代各种宗教文化是中华武术赖以形成与发展的重要因素。

知识链接

金钟罩与铁布衫

金钟罩与铁布衫是中国功夫中最有名的护体硬气功。传说练成金钟罩、铁布衫的人不但可以承受拳打脚踢而丝毫无损,甚至普通的刀剑也伤不了他们,更甚者可达到罡气护体的程度,从而获得入水不溺、入火不焚、闭气不绝、不食不饥等常人难以想象的效果。武谚说"力不打拳(只有蛮力的人奈何不了精通拳术的人),拳不打功(精通拳术的人奈何不了身怀横练大功的人)",这个"功"一般指的就是金钟罩、铁布衫。

金钟罩和铁布衫是两种功法,在不同的门派,颇有大异其趣迥然不同的练法,可能是因为金钟罩、铁布衫是品牌之故,不少门派的护体硬气功都叫这个名字,至于谁是正宗谁是假冒名牌早已无可考证。据江湖上武林中的传说,一般以金钟罩为内功,铁布衫为外功,而金钟罩的原始来历与上古的神仙丹道有关,其功法术语中有安炉、立鼎、进气、火候等与炼丹术名词相同的内容,可见真正的原始金钟罩是一种内丹功法,其历史可以追溯到汉代甚至春秋战国时期。

从历史上遗留下来的一些专门对付金钟罩、铁布衫的武器来看,普通的刀剑确实有力所不及之处,各种破解金钟罩、铁布衫的武器几乎无一例外地使用金刚石作为尖端,如嵩山少林寺流传下来的"子午钉"(成丁字形,有三个尖头,每个尖头上镶嵌尖锐的金刚石为锋)。在金钟罩内功练成之后,便开始练习铁布衫。

第二节
古代武术与传统文化

天人合一的武术境界

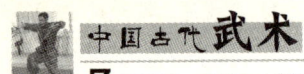

中国古典哲学的根本观念是"天人合一"。

"天"代表"自然"。《老子》中说:"人法地,地法天,天法道,道法自然。"即表明人与自然是一致与相通的。先秦儒家也主张"天人合一"。《礼记·中庸》中说:"诚者,天之道也;诚之者,人之道也。"认为人只要发扬"诚"的德性,即可与天达于一致。汉代大儒董仲舒则明确提出"天人之际,合而为一",这成为两千年来儒家思想的一个重要观点。

如果我们细心琢磨一下,就会发现武术中蕴含着许多"天人合一"的思想。人与自然的统一是习武者的首要追求。据清代杨氏传抄太极拳谱中记载:"乾坤为一大天地,人为一小天地也。"所以人们在练习武术的过程中,总是在追求人体与大自然的和谐相通,使人顺乎自然,其动作也要遵从大自然的变化规律,以此来求得物我、内外的平衡,达到阴阳相谐。因此,自古习武者都非常注意在练习的过程中使人体和四时、气候、地理等外在的自然环境相协调,因时因地采用不同的训练内容和手段。许多习武人士都喜欢选择优美清静之处作为练功、修身、养性的场所,以便充分发挥人的创造力,使个

人的身心皆融于大自然之中。

真正的中国武术是将"天人合一"作为习武的最高境界。为了追求人与自然的和谐，古代习武者常象天法地、师法自然，通过模仿自然界中各种事物的动作、姿态、神情，结合人体运动的规律和技击方法的要求，创造和丰富武术的内容。就是在这种"天人合一"的境界中，武术的内涵才显得更加博大精深。古往今来，有很多人通过对自然现象的模仿创编武术，像猴拳、鹤拳、虎拳、螳螂拳等就是其中显著的例子。

古代武术这以自然现象阐发拳理的例子也很多。如：王宗岳说太极拳"如长江大海，滔滔不绝世"，不仅说明了太极拳的技术特点，也表明了演练时还要注意养成"腹内松静气腾然"的内心活动，皆是以江海之势譬喻拳势。又如：长拳的"十二形"说："动如涛、静如岳、起如猿、落如鹊、立如鸡、站如松、转如轮、折如弓、轻如叶、重如铁、缓如鹰、快如风"，也是以12种物象来说明对12种演练动作变化的要求，其中绝大部分也是用自然界的物象来喻拳势。

"天人合一"重在一个"合"字，"合"是武术特有的技术要求和独具特色的理论，表现在武术中则是追求动作的和谐与协调。最为典型的是所谓"内外三合"，即内要做到"心与意合，意与气合，气与力合"，外要做到"肩与跨合，肘与膝合，手与足合"。这实际上是要求从内在的心、意、气到外在的四肢、身体的各个部位都要达到相互协调。追求协调既是人的一种本能，又是人们有意识的培养和训练，使动作达到完美的一种能力。

"天人合一"的思想还包含人的道德原则和自然原则相一致的主张。张载认为，"天人合一"是"因明致诚，因诚致明"，"诚"是最高的道德修养，"明"是最高的智慧。这种"诚"表现在武术中就是武德，"明"则表现为技艺超群。这种德艺双修的修为正是古往今来的武术家们不断追求的最高境界。

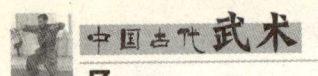

师道传承的文化意义

　　丰富多彩的拳种门派，是传统武术文化中最重要的文化载体。在整个中国武术的历史进程中，以纯粹血缘相延即家族的世代相传的拳种可以说几乎没有，完全是以模拟血缘为特征的师徒传承在其中起到的作用。因此，师徒传承是至今为止传统武术得以存续的基本方式。但是，由于古代社会处于封闭型的小农经济生产方式下，进而形成了封闭型的社会文化心理，在多重因素作用下，师徒传承具有很大的历史局限性。

　　从内部来说，师徒传承首先表现为强烈的人身依附性和森严的等级性。"一日为师，终身为父"是每一位入门者必须铭记的第一天条，徒弟必须"遵师命，守师训"，"若有三心二意，天打五雷轰"的入门誓言，"叩头三千，呼师八百"的尊师礼仪，都为师徒关系打上了深深的等级烙印。其次是容易形成守旧心态。出于各种复杂的心理，每个师父大都会"留一手"，不到万不得已，绝不外传。"守旧"是每个传统文化系统中都普遍存在的现象，若无"守旧"，传统文化也不会延承下来，问题的关键是怎么个守法。中国文化有着浓厚的历史意识，加上社会上的各类活动有赖于世代相传的经验，因而掌握着经验的长辈受到了社会的普遍尊重，作为后辈则必须以无条件服从的代价去换取这种经验。在师徒传承中，师辈所说的一切，都是经验与智慧的化身；他们所要求的一切，便是徒弟们必须践履的规范，有时哪怕是陈腐虚妄之言，也不允许弟子们作任何质疑。应该说，长期以来传统武术在训练方法和理论上一直少有突破，便是这种盲目的守旧心态所酿成的恶果。

　　从外部来看，师徒传承的历史局限主要表现为各拳种之间的门派之争。在古代拳种门派发展的同时，也产生了彼此之间的门派争斗。在中国武术史上，门派之争由来已久，不仅有内家、外家之争，即使同一拳种内部，如非

第三章　中国武术文化

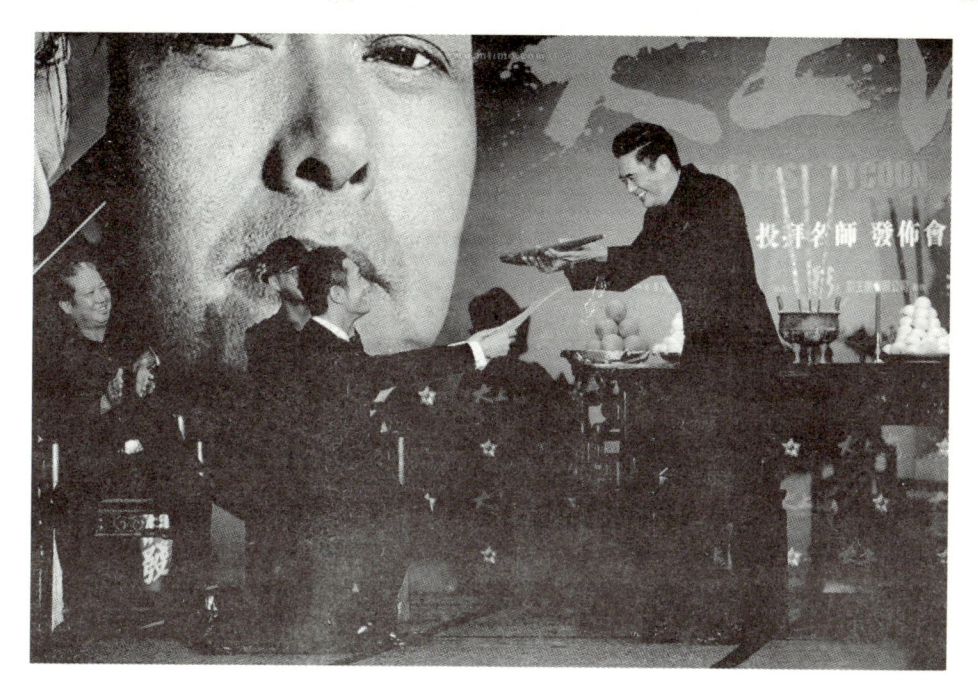

拍摄《大上海》时黄晓明下跪拜师

同一师门的，也为争正统、争嫡传而纠缠不休。时至今日，门派意识较以前虽已大大淡化，但仍积存在相当一部分人的深层观念中，并不时地以各种方式表露出来。门派之争给武术的健康发展所带来的阻碍是显而易见的。在这种门派之争中，传统的师徒传承关系在其中起到了相当大的作用。由于以师父为中心的传承方式，非常鲜明地体现出一种传统社会中"顺即为孝"的伦理特色，弟子辈极易因为师门之见而产生纠纷。

当然，作为一种文化遗存，师徒相授也有其自身积极的一面。

第一，有利于拳种技艺的经验积累和技术发展。由于传承双方是通过模拟血缘连结的师"父"与徒"儿"关系，这就使传技者多能尽心尽力，反复言传身教，务使徒弟真正熟习；同时，在师父的严厉管束下，徒弟也必须刻苦训练，不断体悟领会。这样，各门拳种技艺就会在传承内部代代相授，世世总结，使各门的拳理功法在此基础上不断向纵深发展，从而形成传统武术浑厚的文化积淀。

第二，具有在文化认同基础上产生的群体凝聚价值。师徒传承是血缘宗法关系在传统武术文化上的映射，双方以武术的传承为纽带，通过对伦理准则的认同而自愿结合起来，形成了一张充满人情味的人伦网络。无论入门者来自哪里，只要进了门入了谱，都能在这个"大家庭"中找到自己的角色位置，而不会显得孤单，从而产生一种归属感。这种归属感，将同一门派下的门人牢牢地团结在一起，形成一股强大的凝聚力。

武术与书学

在博大宏富、源远流长的中国传统文化宝库中，武术和书法看似毫无关系，相对独立，有各自的内涵、规律，但二者并非是完全分离的两个个体，而是有着互融互通的联系。

1. 学书和学拳的相似性

关于学书和学拳的相似性，书法家包巨臣在其著作《艺舟双揖》中有过这样的精辟论述："学书如学拳。学拳者，身法、步法、手法，扭筋转骨，出手起脚，必极筋之所能至，使之内气通而外劲出。予所谓临摹古帖，笔画地步必比帖肥长过

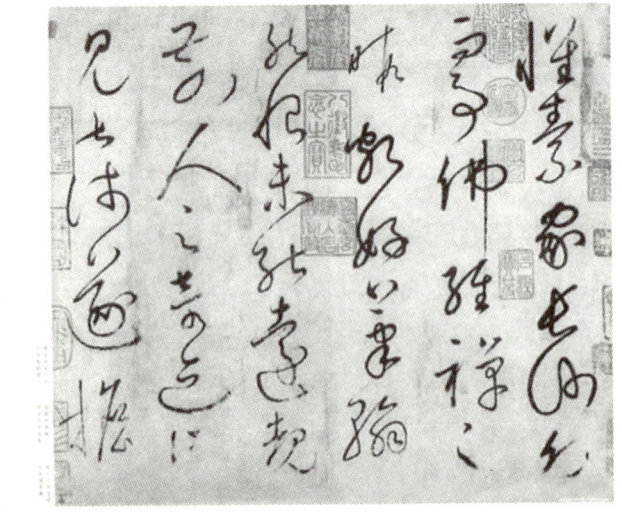

张旭狂草

半,乃能尽其势而传其意者也。至学拳已成,其气养足,其骨节节可转,其筋条条皆直,虽对强敌,可以一指取之于分寸之间,若无事者。书家自运之道亦如是矣。"作者将学拳与学书相类比,深刻地揭示了两者之间的同构现象和学习过程中的相似特征,说明两者确有相通之处。

2. 武术与书法的互相借鉴和学习

在古代武术史和书法史上,都明确记载有唐代草书大家张旭从公孙大娘舞剑中体会到书法真谛,书法因而有了明显改进的故事。大书法家颜真卿云:"张长史观孤蓬自振,惊沙坐飞与公孙大娘舞剑器,始得回翔之状。"根据诗圣杜甫对公孙大娘舞剑的那段精彩描写,我们可以想象一下:张旭从公孙大娘的淋漓尽致的表演中看到其雄健挺拔的舞姿和恢弘的气势,体会其抑扬顿挫的韵律、节奏,从而悟到了草书艺术创作的内在的规律,触发了创作灵感,进而将草书艺术提升到一个崭新的境界。宋代抗金名将岳飞也是集武学与书学于一身,后人评论其书法作品《满江红》"点画如电闪雷惊,笔走龙蛇",从而可以推断,岳飞书法创作的灵感必然也得益于武术。古代书法评论中常用武术的语言来描述。如李嗣真评论王羲之的飞白是"长剑耿介而倚天,劲矢起腾而无地";黄庭坚评米芾书法是"如快剑入阵,强弩射千里,所当穿扎,书家笔势亦穷于此",如此等等,都是十分生动形象的。

由此可见,武术与书学作为传统文化的两个分支,虽然在各自的轨道上运转了数千年,但它们在深层次的联系上确实很多。

武术与舞龙、舞狮

由于中国武术主要流传于民间,因此与各种民俗活动的联系十分紧密。古代的民间武术活动常以民间游艺的形式在农闲或庙会期间进行表演,而这种表演往往又与舞龙、舞狮相结合，成为约定俗成的民间游艺活动中不可缺少的一部分，反映出武术文化浓厚的民俗色彩。

舞龙的历史较为久远，宋人吴自牧所写的《梦粱录》一书曾对舞龙有详细的记述，以此推算，舞龙已有1000多年的历史了。

舞龙时，引龙人要充分发挥手、眼、身、法、步的灵活运用，将彩色龙珠左右上下摇动，逗引长龙俯仰翻转，一招一式既要优美洒脱，又要灵活自如。龙头的任务最重，要紧随龙珠灵活地腾、跃、翻、滚，而且要时时兼顾龙身、龙尾，做到快而不滞、活而不僵。龙身、龙尾则要紧密配合龙头的动作，保持灵活机动，确保整条龙的协调统一。在舞龙过程中，舞龙者采用了诸多武术功法，遵循着武术要求的"腰胯能运转，上下自协调"、"身如游龙、腰似蛇行"等技巧。可以说，舞龙是整体配合的武术展示，没有武术的功底是难以演练出来的。

舞狮也是十分重要的民俗活动。据传，舞狮最早出现在唐代。白居易有诗云："假面胡人假狮子，刻木为头狮作尾。金镀眼睛银贴齿，奋迅毛衣摆双耳"，这正是对舞狮的形象描述。舞狮一般分青狮、黄狮两种。舞狮的动作有洗面、搔痒、打滚、踩球等，将武谚中"猫窜、狗闪、兔滚、鹞翻、蛇鹰眼"的招式发挥得淋漓尽致。舞青狮者还必须当众表演拳术或刀、枪、棍术，如两青狮相遇更须较量武艺，一分高下。

由此可见，舞龙舞狮的活动本身就包含着武术的身、法、步等套路，一腾一挪、一招一式都有讲究，与武术招式如出一辙。舞龙、舞狮实际上是武术技巧整体配合的一种艺术化展示。

龙是古代传说中的一种神异动物，关于舞龙的来历还有一个故事。一天，龙王腰痛难忍，龙宫中的所有药物都吃了，但仍不见效果，只好变成一个老头来到人间求医。大夫给龙王号脉后觉得奇怪，便问道："你不是人吧？"龙王为了治病只好说出实情。于是大夫让他变回原形，并从其腰间的鳞甲中捉出一条蜈蚣，经过拔毒、敷药，龙王完全康复了。龙王为了答谢治疗之恩，

便向大夫许诺,只要照龙王的样子扎龙舞耍,就能风调雨顺,五谷丰登。此后,人们每逢干旱便舞龙祈雨,并有春舞青龙、夏舞赤龙、秋舞白龙、冬舞黑龙的规矩。

民间武术村与武术世家

古时沧州为南北水旱交通的要道,也是各地商品流通的必经之地和集散中心。沧州的镖行、旅店、装运等行业兴盛,促进了当地武术的发展。沧州武术在历史发展进程中十分注重内外交流,善于吸取各地武技精华充实其中。因而,沧州武术的门派愈加丰富,许多拳械套路经过提炼、改进、创新,独具特色,乾隆年间沧州就已经成为全国知名的"武术之乡"。随着新中国改革开放的进程,沧州武术不仅为国人熟知,也越来越受到国际社会的重视,并已经成为世界知名的武术村。

广东佛山市也有很多盛行习武的武术村,南海区里水镇北沙鹤暖岗村就是杰出的代表。鹤暖岗村的闻名要从一位谭师傅说起,据说这位师傅能够力分顶牛。解放前,有一次在相邻的官窑镇的耕牛市场上,有两头强悍的公牛正"顶牛"相斗得难分难解。牛市上的买卖商人们想了很多办法,如用棍撬、用火烧、用粗绳拉等都无济于事。正在大家一筹莫展时,一位体格强壮的中年大汉来到两只斗牛前,伸出两手分别抓住两头顶牛的牛角,大吼一声,迅速将顶牛分开,同时一个武术大"扎马",将两头牛拉倒在地。大汉的这一举动惊呆了牛市里的所有买卖人,大家十分钦佩这位大汉的神力。后来一打听,得知这位力分顶牛的大汉就是里水镇北沙鹤暖岗村的谭师傅。

鹤暖岗村人历来崇尚习武,治安十分稳定,据说当时附近的名叫"一浦二"的恶霸经过鹤暖岗村时都要绕道通过。解放后,鹤暖岗村以舞狮闻名,曾在广东省醒狮锦标赛上一举夺得成人组和少年组的两项冠军。

另外，在山东菏泽也有很多历史悠久的武术村，菏泽鄄城县王坊武术村就是杰出代表。王坊村素有鄄城梅花拳弟子"摇篮"之称，该村约有1500多人，户户入谱、人人练武，上至八旬老人，下到幼童，都能打拳踢脚、舞刀使枪，为发展群众性的武术活动做出了表率，推进了民间武术的推广。

中国人宗法意识强烈，民间武术不仅以村为单位广泛流传，也更讲究在家族内世代传承，由此形成了很多知名的武术世家，其中最为人称道的首属河南温县陈家沟的陈氏武术世家。

明初，山西省洪洞县的陈氏家族在陈卜的带领下迁居河南陈家沟，为了保卫桑梓不受匪盗危害，精通拳械的陈卜在村中设立武学社，传授子孙习拳练武。到了清朝初年，陈氏传人陈王廷博采众家精华，并参考传统中医学中有关经络学说及导引、吐纳之术，开创了刚柔相济的太极拳。也有说法认为

陈家沟

陈王廷并没有开创太极拳，而是开创了炮捶。不过陈王廷作为陈氏传人对陈家武术的贡献却是不可磨灭的。

陈氏十四世传人陈长兴（1771—1853年），打破门规局限，将陈家沟太极拳传给了河北永年县的杨露禅，太极拳由此开始了第一次大发展、大普及时期。陈氏第十五世传人陈清萍（1795—1868年）也是太极大家，他在祖传太极拳套路基础上进行修改，形成了一套小巧紧凑、逐步加圈、由简到繁不断提高拳艺技巧的练习套路。陈氏第十六世传人则有陈鑫（1849—1929年），陈鑫全面整理陈氏世代积累的练拳经验，费时12年，完成《陈氏太极拳图画讲义》四卷、《陈氏太极拳易象数》六卷，使历来口头相传的陈氏太极拳有了书面理论著作。

近代陈氏太极拳的代表人物首推陈氏第十七世传人陈发科（1887—1957年），他对发展和传播陈氏太极拳做出了杰出贡献。陈发科自1929年至1957年一直在北京授拳，以刚柔相济，采、挒、肘、靠、拿、跌、掷、打兼施并用，技击精妙著称。他与人为善，武德高尚，深受世人敬仰。陈发科以后，第十八世传人陈照丕（1893—1972年）则成了陈氏太极拳的代表人物，著有《陈氏太极拳汇宗》、《太极拳入门》、《陈氏太极拳图解》、《陈氏太极拳理论十三篇》等，授徒众多，是陈氏太极拳承前启后、继往开来的一代宗师。

陈氏武术由始祖陈卜开始，代代相传，几百年来从未间断，堪称是中华武术史上最为杰出的武术世家。不过，陈氏武术在授拳之初，也仅限于家族内部传承，并不外传。陈长兴打破门规局限，将陈氏太极拳传给外姓人，为中华武术的发展做出了巨大的贡献。

民间武术的这种宗族观念，虽然成全了诸多武术世家，却也造成了很多武术的失传。据记载：民国年间，"中原大侠"王效荣的叔父，在病得日渐不支时才将王效荣唤到床前，口授了一套齐眉棍。据说王效荣的叔父还有"口吐飞镖"的绝技，平时从不轻易显露，更不传人。临终前这位老人用尽最后

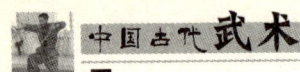

力气也吐不出飞镖了，此一绝技也就此失传。可见很多武术都是在这种情况下在民间自生自灭，如今传承下来的武术只是武术浩繁海洋中的一小部分，真是令人扼腕叹息！

第三节 武术与江湖

递帖、拜师与学艺

拜师学艺，顾名思义，当然要先拜师后学艺。古人言：一日为师，终身为父。可见作为师傅真是不易，既要传道、授业，还要解惑，师傅对徒弟要付出无数心血，所以徒弟对师傅也要作为再生父母一般，十分尊敬，从递帖及拜师仪式就可以看得出来。

要拜师首先就要递帖。要递的帖一般是朱红色，长七八寸，宽四五寸，成折叠形，所以也称为"帖折子"。帖的表面要写上"拜师"二字，帖子内则写弟子某某愿拜某某师尊门墙之下等等，最后再写上拜师人的出生日期及祖籍地址。帖子要用毛笔楷体顺写，递帖的时候则要恭敬谦顺地双手捧交给师傅。师傅接下拜帖，就表示愿意收为徒弟。

递帖时当然也有师傅拒绝收帖的情况，不收帖就表示不愿收为入门徒弟。形意拳大师李洛能递帖时就曾遭到戴龙邦的拒绝，可李洛能却没有轻易放弃，

演绎了一段拜师学艺的传奇故事。

李洛能拜师的经历不能不说是学武之人的楷模,倘若人们都能如李洛能一般拜师,恐怕没有哪位师傅能够无动于衷,中国的民间武术也不会多半散佚吧。

师傅答应收为徒弟后,还要选择一个日子进行拜师礼。拜师礼很复杂,也很隆重,一般选择在师傅家里进行。进行拜师仪式时,要把本门中的长辈、平辈、晚辈都邀集来,在祖师"灵位"前叩拜师祖。叩拜时要由师傅带领,然后按辈数排成列,叩拜师祖后,还要再叩拜师傅和长辈。叩拜后还要"明大誓",多半都是由同辈数的长师兄发问:"拜师后不能欺师灭祖,如要欺师灭祖……"拜师的人这时要立即高声回答:"我如欺师灭祖,便天打五雷轰!"然后是师兄弟互拜。

拜师仪式之后,本门中的人才将拜师人的名字按行辈填写在他们的拜师帖上,如果有的居住在外地,还要用信件通知他们。从此,本门中人才承认你是"门中人"、"门里人"。

拜完师便要学艺,正所谓"师傅领进门,修行在个人",不论所拜的老师名气有多大,倘若徒弟不用功,做师傅的也无可奈何。练功是件极苦的差事,很多人能够成为武学大师正因为他能够接受这种考验。杨式太极拳的创始人杨露禅就曾三下陈家沟学拳,苦练拳艺十八载才有所成;太极拳大师陈发科为了练拳每天只睡两个多钟头,晚上练拳怕吵醒别人不敢开门到外面练,只能在房间里练,并把震脚等会出响声的动作都改为放松练,功夫由此突飞猛进。

不过,学功夫仅靠苦练还不够,还要明其理、知其势、懂其法,不明理法同样很难学到真功夫。

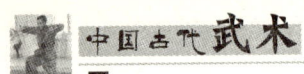

知识链接

李洛能拜师学艺

李洛能原在沧州学艺,后来听说山西祁县的戴龙邦的功夫颇具威名,不远千里来到山西祁县,求戴龙邦传他心意拳。不过古时功夫轻易不传外姓,戴龙邦便一次次将他拒之门外。

这一年李洛能已经34岁了,戴龙邦的拒绝不仅没有赶走他,反而让他下决心要将心意拳学好。李洛能于是变卖自己的家产,在祁县县城东南开了个菜园,便以种菜为生。李洛能每日借到戴龙邦门前卖菜为名,拜见戴龙邦,而且卖给戴家的菜是从来不收钱的,戴家人要给钱,他便说:"先记着吧,到年终再算。"

到了年终,戴龙邦叫账房先生给李洛能结账,可李洛能仍是执意不受,只是跪在地上,不断给戴龙邦磕头。戴龙邦把脸一沉道:"这钱你必须收下,你做买卖,你卖我买,我给钱是应当的,但你休想让我以此授你心意拳。"可李洛能仍是一个劲儿地给戴龙邦磕头。恰巧戴龙邦的母亲知道了这件事,她深明大义,不禁怫然不悦道:"人家从直隶不远千里来到这里,你怎么能不教人家!况且我们戴家形意拳不能传没良心的坏人,但难道这有良心的好人也不该传了?这李洛能如此诚心,你怎能不传呢?"戴龙邦是孝子,无奈之下只好遵从母命,收下李洛能。

不过这时，李洛能仍不算是戴龙邦的徒弟，因为戴龙邦只答应教他两路拳，且不能称自己为师傅。所以，李洛能在戴家只学了两套功夫：一套劈拳、一套桩功，昼夜不分地足足苦练了两年。

有一天戴母八十大寿，亲朋好友以及戴氏门下的众弟子都来拜寿。李洛能心中非常感激戴母，于是也备礼前往。寿筵上戴母兴起，便要戴龙邦的门下弟子练趟拳，助助兴。轮到李洛能时，他便练了一趟劈拳，戴母见他练法出众、劲力刚猛，不禁夸赞不已，便叫李洛能再次献技。李洛能在戴家只学了一套劈拳，只好重复练了一遍，戴母很是奇怪，便问道："李洛能，你怎么总是练这趟劈拳呢？"李洛能答道："弟子只学过此拳。"戴母闻之十分生气，并质问戴龙邦，戴龙邦只得当场收李洛能为徒。此时，李洛能已经37岁了。

拳谱与门规

由于武术主要是在民间流传，习武之人大多没有接受过系统的文化教育，所以学习武术时主要靠师傅手把手教授，即"身传"，同时还需要"口授"，如今的"拳谚"及民间手抄流传的"拳谱"就是当初"口授"的主要内容。

拳如声乐不可无谱，谱中有规矩、有拳理、有拳的训练体系。无论教者、学者，都要认真研究本门拳谱，从中获得真传窍要。虽说实战时"不可拘于成法"，但也"不可擅离老母"，正所谓："武艺虽真窍不真、费尽心机枉劳神"，就是因为没有吃透拳谱精神和奥妙。

我国古代的拳谱常常是一些文学色彩很浓的韵文，这种韵文常常不是格律严格的诗词，而是更多地表现了民间的口头文学色彩，语言显得有些粗俗。为了形象地描述拳法，很多拳谱都大量使用了比喻、夸张等修辞方法，并广泛借用宗教神话、历史传说和动物形象，为后人研究武林思想提供了宝贵资料。

在有关的武术古籍中还常记载有"古论"、"原论"的内容，但这些实际上是拳谚，这些拳谚的民间口头文学色彩更加浓厚。如《手臂录》中摘录的部分拳谚，有"高不拦，低补拿，中间一点难招架"，"指人头、扎人面"等，这样的拳谚流传很广，极大地推动了武术的传承和发展。

自古以来武林内部竞争激烈，各门各派都把自己的功夫视为珍秘，严格限制授徒，为防落入他人手中，大多是传子不传女。到如今，虽然我国武术门派蔚为大观，但传承下来的拳谱一般没有系统性，或不很完整，给武术的流传造成了一定的困难。再加上某些拳师文化低，对于拳谱只是一知半解，或者标新立异、故弄玄虚，都会导致该地域的拳谱支离不全、出现偏差。

另外，由于部分拳种历史悠久、传播面广，不同地区的传承、风格、改进方向不同，逐代传流下来的拳谱到现在已有所不同。

因此，参照拳谱练拳不可以迷信拳谱，拳谱、拳论并非都是绝对真理，需要去伪存真，不可陷入迷信。所谓"差之毫厘，谬以千里"。在使用拳谱时，一定要通过交流参照互补、求真纠偏、正本清源，不致因小失大、误己误人。

除了拳谱，武术的各门各派还都订有自己的"门规"、"戒律"、"戒约"，如"三不传"、"五不传"、"十不传"以及"八戒律"等。所谓无规矩难以成方圆，各门各派都需要一定的规矩，来管理约束门下弟子。如：少林戒约要求，"平时对待尊长，宜敬谨将事，勿得有违抗及傲慢之行为"，"对待侪辈须和顺温良，诚信勿欺，不得恃强凌弱任意妄为"等。其他门派的门规与此大同小异。如：河南形意拳门规规定，"宁可失传，不可乱传"，"凡忤逆不孝者、贪财如命者、逞能欺人者、贪酒好色者，概不得传"。

各门各派的门规戒律概括起来大体包括戒色、戒财、戒恶、助弱、尊师、

谦让六类，在很大程度上规范了从事武术活动的人的行为，强调行侠仗义、除暴安良，反对争强好胜、恃强凌弱，体现着修身养性的特点，使习武之人在社会活动中遵循一定的道德规范，培养起应具有的道德品质。

但这种门规、戒律带有一定的狭隘性，最受有识之士诟病的就是武术的宗派思想、门户之见，这是武术长期在封建社会发展的必然结果。由于严格的传统门规所限，大多数拳种如"八极拳"、"谭腿"、"三阳散手"等武功已经很少见，虽然"太极拳"传播极广，但大多数练习者也只得其形而无其意，没能真正领略太极拳的真义。

对于这些门规、戒律，人们也应该批判地继承，要能够吸取精华、剔除糟粕，打破门户之见，推动武术的新发展。

切磋与打擂

中华武术蕴涵丰富，技理相通，入门之后会有"艺无止境"之感，为了博采众长，人们常常进行以武会友为宗旨的武艺切磋，即"较艺"或"过招"，有时也进行打擂，促进了民间武术活动的发展。

切磋主要以功夫交流为主，这种交流不一定要分出胜负，双方多点到为止。在切磋中，双方要能够展示才华，并吸取对手的武术精华，从而提高自身功夫。在切磋中十分重视武德，那些崇尚武德的大师在与人交手时，从不试图将对方打败，往往是手下留情，在旁观者尚未看出明显胜负时就收身罢手，而对方已是输得心服口服。

与切磋不同，打擂一般要分出输赢，甚至还要立"生死状"。但打擂毕竟不同于两军对阵，不需要拼个你死我活，终以切磋技艺为宗旨，以点到为止为规则。但在擂台上也有很多出言不逊、狂妄自大的人。比如：与方世玉较艺的雷老虎，他所设的擂台上就贴着"拳打广东一省，脚踏苏杭二地"的对联；《水浒传》中与燕青对阵的擎天柱任原，所设擂台的对联也十分狂妄，上

133

《余氏秘传字门拳谱》

联是"拳打南山猛虎",下联则是"脚踢北海苍龙"。不过,这些恃力逞强、傲慢无礼的人并不被武林人士所重视,武术界真正推崇的高手是那些品德高尚的武学大家。

打擂的真正目的在于提高武术水平、弘扬武术精神。特别是近现代以来,许多中国武术家登台打擂,与洋人比武较量,为中国人民打出了志气和威风。武学大师霍元甲就曾在擂台上打败洋大力士,摘掉"东亚病夫"的帽子,一雪"东亚病夫"之耻辱,这种伟大的爱国精神是习武者学习的好榜样。

如今我国民间也有比武打擂的风俗。2005年,湖北一个民间武术爱好者就曾摆下擂台,悬赏10万元挑战全国的武林高手;2006年,又有一对佛山舞狮姐妹广发英雄帖比武招亲,可见比武打擂对我国民间的影响之深。今日的打擂以较艺、交友为宗旨,同样要求点到为止,促进了武术的交流,对于民间武术的发展具有重要意义。

知识链接

王芗斋比武

《大成拳宗师王芗斋先生轶事》中就记载了这样一个故事:王芗斋曾应袁世凯之邀去参加宴会,结果在宴会上遇见了太极五星椎名家李瑞东,袁

世凯执意要两人比武为宴会助兴。两人不愿意真打，便约定彼此做一回推手比赛，只见两人双手相搭、你来我往、连绵不断，动作既灵活又深沉有力，在座的人都看呆了。就在两人想停手的时候，袁世凯却要求他们必须分出个高低上下，两人只好拿出真功夫比试起来。

李瑞东手法变化无穷，王芗斋稍一疏忽，右腕和右小臂就被李瑞东拿在手中，李瑞东随后往后撤了一大步，双手往回一拉，谁知王芗斋急中生智，一个跟步趁势往前一发力，李瑞东年事已高，一时站不稳跌坐在地上。王芗斋抢步上前，把李瑞东扶了起来，当着众人的面说："李先生功夫比我强，这次是李先生让了我一招，推手也不是真正的比武，我打算和李先生下月在戏院当众重新比武，诸位如有兴趣，请按时光临！"

第二天，王芗斋亲自到李瑞东家去看望，一来表示歉意，同时也要求下次比武时李瑞东当众把他打倒，以挽回李瑞东的面子。李瑞东执意不肯，但王芗斋一再请求，李瑞东也只好应允下来。谁知没过多久，李瑞东突染风寒逝世。王芗斋对此十分悲痛，始终觉得对不起李瑞东，不该在上次的推手比赛中得胜。

其实王芗斋并没有什么过错，但由此却能见到一个老武术家谦逊礼让、与人为善的优良品质。

古代镖师的另类生活

古代，由于社会不稳定，带着财物出门十分危险，人们只得找武术高手寻求保护，这些武术高手就是后来的镖师。他们负责保护官员、商人或货物

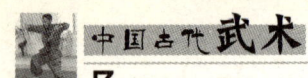

由甲地到乙地，这就是镖户走镖。最初，这些武功高强的人往往住在客店里，等候客人雇用。

镖户走镖是镖局诞生前的主要走镖形式，随着商业逐渐发达，镖户的势力也逐步壮大，镖局也就应运而生。

所谓镖局就是为一些商家、个人提供安全保障的专门机构，业务主要包括信镖、票镖、银镖、粮镖、物镖、人身镖六种。以前，镖局的"镖"是"标"，到了清朝末年才改为"镖"，前面的"金"字代表十八般兵器，后面的"票"代表票号的银两，所谓的"镖"就是用武力来保护钱财的安全。

中国第一家镖局是山西人神拳无敌张黑五在北京顺天府门外创办的"兴隆镖局"，以后陆续出现了无数个大大小小的镖局。在镖局发展的200多年中，涌现出了10个最具特色、最有影响的镖局，这十大镖局分别是：兴隆镖局、会友镖局、成兴镖局、玉永镖局、广盛镖局、昌隆镖局、同兴镖局、源顺镖局、三合镖局和万通镖局。一部镖局发展史就是由千千万万位镖师的行镖生涯汇编而成的英雄史，十大镖师正是这些英雄中的杰出代表，他们分别是：镖不喊沧创规者李冠铭、双刀镖师李凤岗、形意宗师车永宏、华北形意大师戴二闾、华北面王王正清、铁腿左二把、大刀王五王子斌、单刀镖师李存义、散打冠军赵光第和技精艺全的李尧臣。

镖师是我国古代小说故事中时常出现的角色，人们也常常为他们高强的武艺、勇敢的形象所折服。在武侠小说中，镖师往往被描绘成身怀绝技、飞檐走壁的武林高手，但是浪漫的遐想背后，真实的镖师生活其实是十分艰苦的。

镖局的买卖叫做"出镖"或"走镖"，按路程远近、货物所值收取不同的"镖利"，商定后签订"镖单"，在镖单上注明起运地点、商号、货物名称、数量、镖利多寡等，双方再各盖印章。镖师拿到这个接收镖物的清单后，带上官府开的通行证，就可以上路走镖了。

镖车是当时镖局走镖时最重要的交通工具。镖车只有一个车轮，这样的

车走起路来平衡不好掌握，但走崎岖不平的山路比较方便。镖车上还必须要有一面镖旗。走镖时，路上难免会遇到一些强盗劫镖，强盗劫镖前都要看一下小旗帜，如果是厉害师傅保的镖，他们是不敢轻易下手的。久而久之，镖旗就成了镖师出镖的标志了。

押镖途中，倘若看到山上有土匪，就要喊镖："合吾一声镖车走，半年江湖平安回。"这个"合吾"即合五的谐音，是镖行的人为了纪念第一个开镖局的张黑五而确立的。山上的土匪知道是同路人，就未必会下山劫镖。如果喊镖号不行的话，就需春点对话。春点的产生与帮会、镖局等密切相关，尤其是明清之际，镖局林立，帮会遍地，春点传播广泛。武林中人崇尚义气，多行劫富济贫之道，与镖师没有嫌怨，所以在发生冲突前往往先说一段暗语，倘若镖师来头大，往往是不敢劫镖的。

这些春点对话很有意思，外行人是听不懂的。比如：镖师在押镖中，陡然有人问："朋友，你这顶帽子真好，哪儿买的？"你就得回答："是朋友送的。"对方若说你的刀好，你就得回答说："刀倒是好，就是要咬人。"倘若在路上看见烟筒、草莓，镖师一定要沉着冷静地说："朋友，踩宽着点，咱们都是自己人，过不着。"然后用脚踢到一边，因为对方就藏在附近看着，试探你在不在行。

一般来说，武艺低微的强盗不敢劫镖，同镖局有来往的强盗也不劫镖，他们得讲江湖义气。镖局走镖若路过某位绿林朋友的地盘，镖师需要递上帖子拜见，还要送上一点礼物，这位绿林人士也会以礼相见，保证镖车可以平安通过。但也有某些强盗硬要劫镖，镖师讲春点、递帖子、备礼物都是徒劳，那只好兵刃相见、以死相拼。一般镖师在走镖前要把家里的一切打点好，做好一旦不能回家的准备。可见镖师也是个十分危险的职业。

在江湖走镖还有很多规定和戒律，"保镖六戒"就是每一个镖师都必须熟知的。首先要戒住新开店房，新开设的店因摸不透人心，所以只要门上写有开业大吉的店不住；还要戒住易主之店，以免人心叵测；要戒住娼妇之店、戒武器离身、戒镖物离人，另外还要戒忽视疑点。当镖师的必须要眼观六路、耳听八方，一旦出现可疑处，一定要密切注视，随时准备投入战斗之中。

一趟镖安全送到目的地后，镖师就可以拿到相应的报酬。但在历史上，不管镖师功夫如何高强，镖车被劫的事情也时常发生。一般被劫镖，镖师会请绿林朋友从中说合，并拿出一点钱来，请强盗把镖退回来，镖师也可以回镖局报信，请镖局派武艺更高的镖师再比武夺镖。总之，镖局无论如何也会想办法把镖找回来，否则镖局不仅要赔偿雇主，以后生意也很难做了。

在古代十大镖师中，镖师戴二闾名气最大。戴二闾是山西省祁县人，出生在形意拳世家，他的父亲就是形意拳大师戴龙邦。当时，押镖师傅路过每个主要省市的地方都要喊镖的，一来以示宣传，二来和当地的武林高手打个招呼。但是，到了河北沧州是不可以喊镖的，因为河北沧州是武术之乡，武林高手辈出。有一次，戴二闾押镖路过河北沧州时，小伙计不懂江湖规矩喊了一声镖，沧州武界的尹玉文等三位武师便拦路兴师问罪。戴二闾一再表示歉意，可三位武师仍是不依，戴二闾无奈之下只好与他们动手过招，结果三个武师都败于他的手下，自此"戴家拳"更是名声大振，广盛镖局自此也开始兴隆起来。

镖局在中国历史上曾起过十分积极的作用，促进了各地的经济交流与发展。但随着社会进步，因票号的出现，镖局逐渐难以为继，尤其是火车、汽车、轮船等交通工具的出现，镖局开始退出了中国的历史舞台，真正意义上的镖师也就不复存在了。

戴二闾

第四章

武术名人与武术名篇

　　武术是在人们长期生活和生产当中摸索出来的一种特殊运动方式,不仅能够强身健体,还是一种防身的措施。随着武术的不断发展,代代武术界出现了很多武术大师,如陈王廷、董海川、霍元甲、黄飞鸿等。这些武术名家不但武艺高超,而且将武术推向了新的高度。

　　自古以来,不断有武术论著出版问世。从拳学至刀、枪、剑、棍等兵械技术都有广泛、全面而且系统的论述;从习练方法到技击原理的论述丰富多彩,各成一体;从图形到文字、口诀详尽、生动。古代武术典籍是中国古代文化的宝贵财富。

第一节
中国武术名家

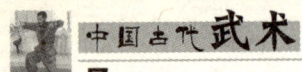

陈氏太极拳创始人陈王廷

陈王廷（1600—1680年），又名奏庭，明末清初人。陈王廷文武兼优，精于拳械，功夫深厚，在河南、山东一带很有声望。他曾在山东扫荡群匪，贼闻名不敢逼近。但因当时社会动荡，久不得志。在他年老隐居期间，依据祖传之拳术，博采众家之精华，结合太极阴阳之理，参考中医经络学说及导引、吐纳之术，创造了一套具有阴阳相合、刚柔相济的陈式太极拳。陈王廷传授下来的有一至五路陈式太极拳、陈式炮捶一路、陈式长拳108势、陈式双人推手和陈式刀、枪、剑、棍、镧、双人黏枪等器械。其中陈式双人推手和陈式双人黏枪，更具前所未有的独特风格。

陈王廷的独创有以下几点：

1. 把陈氏拳术与导引相结合；
2. 把陈氏武术和中医经络学相结合；
3. 创造了陈式双人推手；
4. 创造了陈式双人刺枪和陈式八杆对练项目；
5. 创造了陈式太极拳理论。

自陈王廷之后，陈家沟练习陈式太极拳之风甚盛，老幼妇孺皆练习，当地流传的谚语："喝喝陈沟水，都会跷跷腿"，"会不会，金刚大捣碓"，就一定程度上反映了当时的情形。这种风气世代沿袭，经久不衰，使得历代高手辈出。

"牌位先生" 陈长兴

陈长兴（1771—1853年），河南温县人，陈王廷十四世孙。陈长兴立身中正，形若木鸡，人称"牌位先生"。陈长兴精于陈氏世传拳术，继以王宗岳《太极拳论》的理论，损益陈王廷所创长拳十三势，使其拳路系统化、定型化，为太极拳老架之代表。陈长兴传授门徒众多，有名弟子有其子陈耕耘，宗侄陈花悔、陈怀远、杨露禅（福魁）等。

陈长兴创造性地发展了现在的陈氏太极拳一路、二路（又名炮捶），后人称为太极拳老架（大架）。第一路动作简单，柔多刚少，以"掤捋挤按"四正劲的运用为主，以"采挒肘靠"四隅手的运用为辅，柔中寓刚，行气运动，以缠丝劲的锻炼为主，发劲为辅；全身内外，动分静和，一动全动，体现柔缠中显柔、缓、稳的特色。第二路（炮捶）动作复杂，急速紧凑，刚多柔少，用劲以"采挒肘靠"为主，以"掤捋挤按"为辅；以刚发劲为主，窜蹦跳跃，腾挪闪展，震足发劲。刚中寓柔，体现柔缠中显刚、快、脆的特点。

八卦掌创始人董海川

董海川（1797—1882年），原名董明魁，清朝河北省文安县朱家务村人。一般认为是八卦掌拳术的创始人和主要传播者。董海川身材魁梧，臂长手大，膂力过人，擅长技击。相传在安徽九华山得遇"云盘老祖"传授其技，创立了八卦掌。

偷师学艺的杨露禅

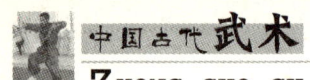

杨露禅（1799—1872年），名福魁，河北广府（今永年县）人。杨露禅自幼好武，因家贫，迫于生计，在广平府西关大街中药字号"太和堂"中当伙计。这药店为河南焦作温县陈家沟人陈德瑚所开。陈德瑚见杨露禅为人勤谨、忠实可靠，又聪明能干，便派他到故乡河南焦作温县陈家沟家中做工。适逢陈长兴借陈德瑚家授徒，杨露禅心中十分羡慕，便有心拜师学艺。但一者自己事多，二来又怕陈长兴不收自己。他虽然也懂得江湖禁忌，但因学艺心切，便在陈氏师徒练拳时，在一旁观看，久而久之，竟有所得。后被陈长兴发现，见其是可造之才，不但没有怪罪他，反而大胆摒弃门户之见和江湖禁忌，和陈德瑚商量，准其在业余时间正式学习太极拳。这样，杨露禅才得以正式拜陈长兴为师。

杨露禅正式拜师后，18年中三下陈家沟，深得陈式太极拳精髓。艺成时，他已是40岁左右的人了。为了生活，他先在家乡永年教授太极拳，后被人推荐去北京授徒。因其武艺高强，罕逢敌手，人送外号"杨无敌"。他在北京授拳时，因弟子多为王公大臣、贝勒贵族，生活奢侈而体弱多病，又不耐艰苦。杨露禅考虑到这些人的身体素质和保健需要，将自己所学太极拳中的一些高难度功架简化，使姿势较为简单，动作柔和易练，既适合穿长衫、留辫子的人练习，又有益于健身。后经其子孙修改，定型而成杨式太极拳，并发展成大小两种套路。其特点是柔和缓慢，舒展大方，速度缓匀，刚柔内含，深藏不露，轻沉兼有。此拳一出，在京、津一带影响很大，学者日众。而这时陈家的太极拳却仍在陈姓内部传递，所以当时的武术传人杨季子写的诗中，有"谁料豫北陈家拳，却赖冀南杨家传"的句子。

杨露禅过世后，太极拳传子杨班侯、杨健侯，后由其孙杨澄甫（1883—1936年）修定而成。杨氏太极拳由于从学者众，影响后世甚巨。因而也衍生了许多杨氏的支派，最为著名的有王氏太极（王壮弘）、郑子太极拳（郑曼青）、熊式太极拳（熊养和）、董氏太极（董英杰）、田式太极（田兆麟）、李氏太极拳（李瑞东）、府内派、老六路等等。

后来，杨露禅的次子杨班侯（1837—1892年）传杨式小架太极拳于满族人全佑（1834—1902年），全佑之子鉴泉后从汉姓吴，他将父亲传授的杨式太极拳修改定型，自成一家。此拳的特点是重神静，长柔化，马弓步时呈川字形和身稍前倾，而又要求斜中寓直。推后时，宁静而不忘动，架式大小适中，动作紧凑柔和，神志舒静。在社会上流传后，被世人称为"吴式太极拳"。

一代大侠霍元甲

在中国近代的武术史上，有一位传奇式的英雄人物——霍元甲。霍元甲武艺出众，又执仗正义，享名海内外。他抱着为国雪耻、振奋民族的强烈愿望，在天津和上海，先后同俄、英洋力士比武，并打败外国洋力士，为中华民族争得了荣光，令国人扬眉吐气，欢欣鼓舞。

霍元甲（1868—1910年），清末著名爱国武术家，字俊卿，祖籍河北省东光安乐屯（属沧州地区），世居天津静海小南河村（今属天津市西青区精武镇），为上海精武体育会创始人。

孙中山对霍元甲"以武保国强种"的胆识给予了很高的评价。在精武会成

霍元甲

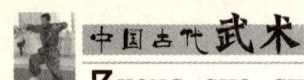

立10周年之际,他亲临大会,题写了"尚武精神"四个大字,以示对霍元甲的纪念。

岭南宗师黄飞鸿

黄飞鸿(1847—1924年),原名黄锡祥,字达云,原籍南海西樵禄舟村,清道光二十七年(1847年)七月初九生于佛山,他是岭南武术界的一代宗师,也是一位济世为怀、救死扶伤的名医。1924年8月,广州商团总长陈廉伯在英帝国主义支持下,趁孙中山北伐,在广州发动武装暴乱,纵火劫掠。黄飞鸿与其继室莫桂兰苦心经营数十年的宝芝林连同刘永福写给他的牌匾和他唯一的照片亦毁于战火。黄飞鸿经不起沉重打击,因而忧郁成疾,是年12月不治去世,终年78岁。黄飞鸿身后萧条,贫无以殓,幸弟子邓秀琼为他料理后事,葬于白云山麓。

"侠骨" 杜心武

杜心武(1869—1953年),名慎魁,号儒侠,道号斗米观居士,是中国著名的武术家,被万籁声称为自然门的第二代宗师,也是清末时的革命党员,曾担任宋教仁、孙中山先生等人的保镖。因为他身材瘦削,被称为侠骨。在日本留学时,曾经飞腿打败相扑者,又被称为神腿。

杜心武不平凡的经历,早已驰名中外,盛享赞誉。名画家徐悲鸿在他辞世后的当年7月25日写给杜修嗣的唁信中,说是"尊人心武先生卓艺绝伦,令德昭著",当非过誉。晚年,他由武术大师进而研习气功,颇有创见。1984年11月,在无锡召开的全国气功年会上,称他为我国自赤松子、张良、吕洞宾等人以来继往开来的气功家,并非偶然。

传奇英雄李小龙

李小龙（1940—1973 年），原名李振藩，美籍华人，祖籍中国广东佛山。他是一位武术技击家、武术哲学家、著名的华人武打电影演员、世界武道改革先驱者，UFC（终极格斗冠军赛）起源者，MMA（综合格斗）之父，截拳道武道哲学的创立人，在全球各地具有极大影响力。他对中国电影业的贡献永不磨灭，在香港的四部半电影，3次打破空前纪录，其中《猛龙过江》打破全亚洲票房纪录，与好莱坞合作的《龙争虎斗》总票房达

李小龙

2.3 亿美元。连毛泽东也很喜欢看李小龙的电影。1964 年秒杀黑市拳高手弗兰克·陈，1967 年将截拳道传授给拳王阿里，1971 年秒杀泰拳王察尔·铺。

李小龙的一生是短暂的，但是他却创造和打破了世界纪录协会多项世界之最。他如同一颗耀眼的彗星划过国际武坛的上空，对现代搏击技击术和电影表演艺术的发展作出了巨大的贡献。他主演的功夫片风行海内外，功夫闻名于世。在不少外国人心目中，他的功夫就是中国武术。他还开办"振藩国术馆"，自创截拳道。他用 32 岁和四部半电影缔造了不朽的东方传奇。

知识链接

李小龙的师傅——叶问

叶问（1893—1972年），本名叶继问，是广东佛山的大族富家子弟。叶问从小受到家庭严谨的儒家教育。从7岁起便拜"咏春拳王"梁赞的高足陈华顺（人称华公）为师学习咏春拳。自收叶问为徒后，陈华顺则不再接受任何人士拜门学技，叶问成为陈华顺封门弟子。华公逝世后，叶问再随师兄吴仲素钻研拳技。叶问16岁那年，赴港求学外文，就读于圣士提反学校。后随梁壁（梁赞之子）学武。1950年赴香港，在港九饭店职工总会内传授咏春拳术。其弟子中最出名的是让中国武术闻名世界的武打巨星李小龙。

第二节　中国武术名篇

调露子与《角力记》

《角力记》是较早记载角抵手搏的专著，是珍贵的武术资料。此书出现于宋代。据《宋史·艺文志·卷五》记载，《角力记》的作者是调露子，但调露子的真实姓名和年代还不清楚，有待考证。

《角力记》全书共分述旨、名目、考古、出处、杂说等几部分。它详细地介绍了摔跤名称的演变，有的称"相搏"，有的叫"角抵"、"相扠"、"角力"、"手搏"、"拍张"等等。

《角力记》中还记载了古代摔跤的规则：只能是两人徒手互相角力，即使在两军阵前，摔跤赌胜也不许其他将士协助。倘有一人手持兵刃，那就不能算作摔跤。至于比赛时间和采用的动作，在《角力记》中并没有明确的规定，可以拳打脚踢、夹头颈和扭关节等，但最终必须把对方摔倒或使之失去战斗力才算获胜。

《角力记》的后一部分记载了摔跤比赛的实况，其中最热闹的是正月十五上元节。在"角抵对"表演时，经常出现"万人空巷"的盛况。

《角力记》的作者对角力的产生和发展作了较为系统的研究和总结，对角力作了公正的评价，在书中充满感情地讲"惟力也，岿然独存"。作者实事求是地从民俗的崇尚、社会的发展、地理环境的影响等方面对角力的产生发展进行了全面的论述。

唐顺之与《武编》

唐顺之（1507—1560年），字应德，号荆川，武进（今江苏常州）人，嘉靖八年（1529年）举会试第一，官至右佥都御史，代凤阳巡抚，是明代著名的抗倭名将之一，也是博学多才的学者。

唐顺之文武全才，著述宏富。据《明史》记载："顺之于学无所不窥，自天文、乐律、地理、兵法、弧矢、勾股、壬奇、禽乙，莫不究极原委。尽取古今载籍，剖裂补缀，区分部居，为《左》、《右》、《文》、《武》、《儒》、《稗》六编传于世，学者不能测其奥也。"唐顺之不仅编撰了《武编》一书，

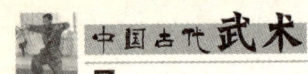

另外还著有《荆川文集》一部,此书是他的随笔和文集,但也涉及不少武术内容,有《游嵩山少林寺》、《杨教师枪歌》、《峨眉道人拳歌》、《日本刀歌》等。

《武编》是一部军事学类书,系作者分类纂辑古代兵学之作。全书分为前后两集,各六卷,前集主要辑录兵法理论资料,后集主要辑述用兵实践方略。在前集卷五,辑有古代武术专项文论多篇,包括:牌、射、弓、弩、甲、拳、枪、剑、刀、铜、锤、扒、挡等。其中由拳至挡八篇,实为一部明代武术拳械谱录,专述拳械技理及操练方法。其中尤以"拳"的部分价值最高。作者辑此本意显然是作为供士卒进行战术训练之用的教材,然而从武术文献学的角度而论,此乃是最先收录入兵典中的古代武术文献。唐顺之年辈高于戚继光,戚继光曾向唐氏请教枪法,《武编》成书又在戚氏《纪效新书》之前,因此《纪效新书》的武艺部分有取材于《武编》的地方。

戚继光与《纪效新书》

戚继光(1528—1587年),字元敬,号南塘,出身将门,山东蓬莱人,祖籍安徽定远。《明史·戚继光传》中称"继光幼倜傥,负奇气,家贫,好读书,通经史大义"。自17岁承荫世袭,担任登州卫指挥佥事官职,从此开始了他的戎马生涯,南平倭寇,北御鞑靼,身经百战,屡建奇勋,官至中军都督府左都督,进太子太保。至58岁时,因朝政腐败以及政治上的失意,便告老解甲还乡,六十岁病故。

戚继光长期的戎马生活,使他对包括武术训练在内的军事学方面有了较深入的了解和研究,他将武艺与军规法令看作是整训新军同等重要的两个方面,也正是基于此,为我们保留下了精论武术技法与学理的宝贵武术文献。《纪效新书》是戚继光撰写的一部著名兵书,但因书中载有武术拳械专著五篇,并在其他兵学篇章中常涉及武艺论述,因而又是一部内容完善、成书最早的明代武术典籍，历来倍受武术家们的宗奉与推崇。全书文图并茂，是一部很重要的武术文献。1987年人民体育出版社出版了马明达的点校本，是比较完备的一个版本。

《纪效新书》共18卷，首卷《或问》，正文：束伍、操令、阵令、谕令、法禁、比较、行营、操练、出征、长兵、牌筅、短兵、射法、拳经、诸器、旌旗、守哨、水兵。卷十至卷十四各篇，专门论述用于实战的武艺技能练习法及其学理，具体篇目为：卷十《长兵短用说篇》（论枪法）；卷十一《藤牌、狼筅总说篇》；卷十二《短兵长用说篇》（转用俞大猷著《剑经》所论棍法，再配图势）；卷十三《射法篇》（转用俞大猷论弓箭射术，再配图势）；卷十四《拳经捷要篇》（专论拳法）。以上专论武艺技理的五个卷目，是供士卒训练用的战斗格杀技能的精选教材，经戚继光系统整理编撰，首次以图文并茂的形式，归纳于著名兵典之中。

戚继光塑像

《纪效新书》中包含了大量有价值的武术资料，无论是日本传进的双手刀法，还是俞大猷的棍法、唐顺之的枪法及以各地乡民所习的拳法器械，戚继光都能够虚心学习，从而博采众家之长，择其善者而从之。尤其他对武术所进行的系统论述，为前人所不及。他通过系统地整理明代不同拳家的武术动作，创编了"三十二势长拳"，并绘以动作的关键图势，注明要领口诀。

戚继光在《纪效新书》的基础上，还根据南北实战的差异，撰写了《练兵实纪》一书。此书是一部极其详尽的练兵教程，其中许多内容涉及士卒的基本武艺训练，对于后世了解古代军旅武艺的实质和特点是很有价值的。

俞大猷与《剑经》

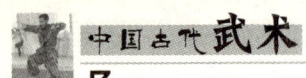

俞大猷（1504—1580年），明代抗倭名将，名志辅，福建晋江人。先后从师于棍法大师李良钦、刘邦协、林瑛等人，他本人的武艺更是集诸大家之精华。嘉靖二十八年（1549年），倭寇入侵后，他转战江、浙、闽、粤，多立战功，与戚继光齐名。

俞大猷撰写的《剑经》一书是精论棍法的杰作，收录在他的著作《正气堂集》卷四中。《正气堂集》是研究俞大猷本人及明代武术状况的重要史料。

俞氏《剑经》专讲棍法，为一代名著。戚继光评价其所讲"短兵长用之法"为"千古奇秘"。又说："不惟棍法，虽长枪各色之器械，俱当依此法也。近以此法教长枪，收明效。极妙！极妙！"

少林武僧到明末之时已获得很高声誉。茅元仪在《武备志》中称颂说："诸艺宗于棍，棍宗于少林。"《剑经》总诀的"一打一揭，遍身着力；步步进前，天下无敌"就是少林棍法中"五虎拦"的来源。

知识链接

俞大猷与少林寺

作为一代武学名家、抗倭名将的俞大猷还与少林寺有一段特别的缘分。少林武术中的棍法，即得俞大猷之真传。

嘉靖四十年（1561），俞大猷由北上中奉命南征时，曾专程访问少林寺。在观看了武僧的表演后,他直言不讳地对方丈小山宗书说:"此寺以剑技名天下,乃传久而讹,真诀皆失矣!"于是,小山方丈挑选了两位年少而有勇力的僧人宗擎、普从,随俞大猷南行,以便学习。三年后,二人辞行,北归少林寺。他们将所学剑技传给寺众。十三年后,宗擎还专程去神机营拜访俞大猷,感谢师恩,并受俞大猷所赠《剑经》。

程宗猷与《耕余剩技》

程宗猷(1561—?)号冲斗,安徽休宁人。少年有志从戎,为国效力。为得真艺凡听到有名师,即不远千里往而求之。经数十年探研,终集各家传授于一身,提炼出刀、枪、棍、弩等诸兵使用之精义。

程宗猷所著《耕余剩技》。全书由四个部分构成,即《少林棍法阐宗》三卷、《蹶张心法》一卷、《长枪法选》一卷、《单刀法选》一卷。其书刊于明天启元年(1621年)。此书是明代继《武编》、《纪效新书》等书之后的一部重要武术专著,对研究古代武术技术的发展以及少林寺等武术史有着重要的史料价值。程宗猷曾在少林寺学习"夜叉棍"十余年。程宗猷入少林寺习武,先从师于洪纪,"梗概初闻,未惮厥技",又师事八十多岁的洪转。这洪转"棍法神异,寺众推尊",程宗猷乃"日得闻所未闻"。与程宗猷同时向洪转求教的还有宗想、宗岱二位同好。

程宗猷最后投师于广按。广按是"法门中高足,尽得转师(洪转)之技

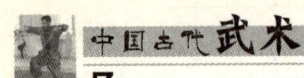

而神之。耳提面命，开示神奇。后以出寺同游，积有年岁，变换之神机，操纵之妙运，由生诣熟，缘渐得顿。"和程宗猷一同入少林寺习武的还有他的叔祖、武学生程云水以及侄程君信、太学生程涵初等人。在他们的鼓励下，程宗猷乃把"口授心识"的棍法整理，用图势歌诀的形式撰写了《少林棍法阐宗》三卷，万历四十四年（1616年）行世。

天启元年（1621年）他又写成《蹶张心法》、《长枪法选》、《单刀法选》与《少林棍法阐宗》合刊发行名《耕余剩技》。其善技击精武备的名声亦随之传播开来，并引起当时明政府的重视。崇祯二年（1629年）他又撰《射史》八卷。程宗猷练兵主张胆量、意志和武艺三者并重。所著《耕余剩技》不拘泥于古法，以求符合时代需要。

吴殳与《手臂录》

吴殳（1611—1695年），明末遗民。又名乔，字修龄，号沧尘子。吴殳是明清之际最有成就的武术家之一，著作有《峨眉枪法》、《枪法圆机说》、《单刀图说》、《梦录堂枪法》以及《手臂录》、《无隐录》。吴殳平生所学武艺，有枪法、剑法、单刀法等，但主要是枪法，因此他的著作皆以枪法为主要内容。可以说吴殳是明代至清初各家枪法之集大成者，他的书是对前代和当代枪法的总结性著作。

《手臂录》全书分四卷，加附卷上、下则共六卷。除卷三《单刀图说》，卷四《诸器总说》、《叉说》、《狼筅说》、《藤牌说》、《大棒说》、《剑诀》、《双刀歌》、《后剑诀》等之外，其他内容为枪法，故此书基本上是一部枪法专著，是吴殳对明代以来各家枪法的一个系统总结，是一部集枪法之大成的著作。此书由《清史·艺文志》著录。

黄百家与《内家拳法》

黄百家，原名百学，字主一，号不失，浙江余姚人，其父是清初著名学者黄宗羲。黄百家自幼师从王征南（1617—1669 年）学"内家拳法"，师殁后七年写成《内家拳法》。

《内家拳法》的内容有应敌打法若干，穴法若干，所禁犯病法若干，练手法三十五，练步法十八，记有"六路"和"十段锦"歌诀及诠解，并述王征南独创之盘斫法及习拳精要。据黄百家所写的内家拳法，当时的内家拳既不是太极拳，也不同于形意、八卦等拳术。

玄机和尚与《拳经·拳法备要》

《拳经·拳法备要》一书为明代少林寺玄机和尚传授，陈松泉、张鸣鹗撰，清代康熙初年张孔昭补充，乾隆年间曹焕斗又增补并作序。1927 年由中国国技社改名为《玄机秘授穴道拳诀，跌打骨科秘本》出版。1936 年蟫隐庐出版影印本。本书分拳经、拳法备要各一卷。拳经记述了少林拳术的各种手法、身法、步法、眼法、劲力、运气以及应敌技术的秘诀。拳法备要则对拳势进行了图解。

《拳经·拳法备要》是一部以记述明末清初少林寺拳学为主，兼融民间优秀拳技之精华的拳学专著。书中所论技理，在明代拳论典籍的基础上又有新的发展，是清代拳学发展史上第一部成文最早、论理精深、技法全面、体系完整的拳学文献，全面反映了清代前期少林拳学发展的概貌。此书对研究少林武术有重要价值。

王宗岳与《太极拳论》

王宗岳，武术著作家，清乾隆时山西人。据清乾隆六十年（1795年）佚名的《阴符枪谱·序》云，王宗岳"自少时，经史而外，黄帝、老子之书及兵家言，无书不读，而兼通击刺之术，枪法其尤精者也"。晚年在河南洛阳、开封设馆教书。王宗岳悉心研习拳、械数十年，深懂陈（王廷）氏拳术之奥，撰成《太极拳经》、《阴符枪谱》。其中《太极拳论》篇，以太极两仪立说，阐述太极拳推手的要领和方法对太极拳发展影响很大，被后世奉为研习太极拳的经典。

王宗岳

王宗岳在《太极拳论》一文中以我国古代的阴阳学说为理论基础，阐明了太极拳推手的要领、方法和技击原理，如"人刚我柔谓之走，我顺人背谓之粘"；"动急则急应，动缓则缓随"；"人不知我，我独知人"；"四两拨千斤"等，成为太极拳的重要理论依据。

苌乃周与《苌氏武技书》

苌乃周（1728—1783年），字纯诚，河南汜水人，出身于书香门第，自幼熟读经史，通晓《易》理，尤钟武技，研习精深，拳著宏富，独树一帜，是一位文武双全的武学大家。他撰写了《培养中气论》和《武备参考》，后人把它们辑成一书，命名为《苌氏武技书》。其卷一至卷五皆言拳法和拳理，多以阴阳立说论之。言拳技主于养气，务使气藏于腹，精神合一，气力乃成；言应敌则重在虚实相济；言运动，则谓两脾

周公著《二十四字拳谱》

宜柔而活，不可使着力；言仆人，则必前脚下速进敌之身后，而不拘在人脚之内外；言练法，则需因势之自然，务使外形一家，再令圆面积熟，将筋节松开则微妙渊深得之加工硬化；论打法，去彼不动，我不动，彼欲动，我先动；其论出手，云内实精神，外示安逸。卷六为枪法，猿猴棒及双剑法。

此书有"中气论"、"养气论"、"练气论"等多篇论气说，反映了作者既重武术之技法，又重健身强体之功。书中所列二十四拳谱有详细图解。

知识链接

铁胳膊王二

王宗岳乃明万历年间山西太谷县小王堡村人。小王堡村流传着一个铁胳膊王二的故事：王二出生在一个武术世家，父亲经商。他从小和父亲学习练武。有一年，一位邋遢道人云游天下，途径太谷小王堡村时，病倒在街头，穷困潦倒无人理会。王二遇到后，看他可怜，就背回了家中，每日服侍如父，道人十分感动，他见王二如此心地善良，而且悟性很高，便将自己的武功传授给了王二。王二得此功法后更加勤奋，武功大长。有一次在一家坟地里，王二用胳膊竟把六尺高的巨大石柱一下子给磕成两截，由此，"铁胳膊王二"便在方圆几十里的人群中流传开来。事后人们才知道那个道人竟是张三丰，他是在试探和点化王宗岳。这个故事虽然有些神化，但不会是空穴来风，肯定有原型。史料中有这样的记载，王宗岳父亲叫王祖通，生三子一女，长子王宗行，次子王宗岳，三子王宗梁，一女名字不祥。可见铁胳膊王二就是王宗岳。

第三节
武德与武礼

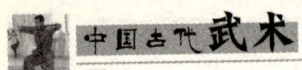

武德的概念

武德就是武术道德，是从事武术活动的人在社会活动中所应遵循的道德规范和所应有的道德品质。

"武德"一词最早于3000多年前就已出现。历史上最早的、带有条款性的武德记载见于《左传·宣公十二年》："武有七德"，即"禁暴、戢兵、保大、功定、安民、和众、丰财。"这虽是当时对诸侯用兵道德的要求，也是后来武术道德的基础。武德从伦理学的角度来看，它不仅是个人体现武术伦理规范的主体，侧重于个人意志的选择，而且包含了整个武术社会活动以及参与其他社会活动的秩序规范。个人的武德只有适应社会实践才能决定其品格的高低；同时，武德也只有在社会共识的秩序规范中，才有实践的价值和意义。对武德的正确理解，应当是武术伦理规范与习武者道德行为准则的总和。它应始终贯穿于习武者整个的练武、授武、比武等一系列的武术社会活动之中。

武德的理论很丰富，它所包含的内容是多方面的、多层次的，其萌芽、形成和发展是一个历史过程。在武德理论形成与发展过程中，一直居于封建社会正统地位的儒家仁学逐渐形成了传统武德的主要内容。

传统武德的内涵

传统武德的伦理精神是由儒家的德性、道家的道心和释家的佛性共同构成的。武德作为中国传统伦理的一个组成部分，其道德精神表现实质上是中国传统伦理精神在武术领域内的体现。它的内容虽然随着各个不同时期的发展而不断地补充和丰富，但其本质仍表现为仁、义、礼、智、信、勇。

1. 仁

仁在一定程度上概括了人的全部道德意识，这也是习武者最高层次的品德追求和德性的最高境界。仁的基本涵义就是用广博的爱心去爱一切人。仁的核心是孝悌，要求武林中人具有师慈徒孝、兄贤弟恭、朋亲友爱。忠、恕则是为仁之方。要求习武者忠于师门。广义的理解就是要忠于事业、民族和社稷，要与人为善，以爱人之心宽恕他人，求及安宁、祥和。

2. 义

义为行善之本。在武德中还可以理解为"仁"是通过"义"的环节过渡到人的道德行为。"义"是依"仁"而行的方法、途径和标准，"义"在武德中还可理解为秩序、等级。"义者，宜也"，就是习武者的言行举止要与自己的身份相称。君臣父子、师徒兄弟的纲常不能乱，这是武林中人心目中神圣不可侵犯的人伦。

3. 礼

礼来自人的恭敬辞让之心，是仁义道德的节度及由此产生的待人接物的礼节仪容。武林界对"礼"有着严格的标准和规定，并由此而衍生一系列具体的、形式化的礼仪，直接付诸习武者道德践履，作为其行为的文饰。"礼"还直接包括制裁制度，对违背"礼"的人要给予处罚。"礼"在武德中具有实践意义，它不但告诉习武者"应该做什么"，而且还告诉其"应该怎么做"。以武会友，讲究点到为止，以"礼"来规范行为。武术的抱拳礼就是中国传统的一种武术礼节，当代武术本着为和平与友谊服务的宗旨，被赋予了新的含义：右手握拳，寓意尚武；左手掩拳，寓意崇德，以武会友；左掌四指并拢，寓意四海武林团结奋进；屈左手拇指，寓意虚心求教，永不自大；两臂屈圆，寓意天下武林是一家。杀身成仁，舍生取义，侠义英雄是武林人物崇尚的美德与人生追求。

4. 智

当习武者有了武德情操和礼仪规范后，还须有自觉的道德意识，这就是"智"。智的功能就是认识"仁"、"义"，并保证它的实践。它根源于人们的是非判断之心，其功用在于体人生，知人伦，明是非，辨善恶，只有如此才能"穷不失义，达不离道"，做一个"富贵不能淫，贫贱不能移，威武不能屈"的侠义之人。

古人练武用的石具

5. 信

"信，诚也"，就是说做人要诚实，守信用，诚守诺言是武林的传统。"一言既出，驷马难追"。实践诺言，不失信于人，不畏艰难险阻，甚至甘愿牺牲生命，只身赴死的事迹，历代多有所闻。可见，守信重诺是武德的重要内容之一。

6. 勇

武德中的"勇"既是道德标准又是行为实践。但"勇"又有"大勇"和"小勇"之分。武德中提倡的是"大勇",指的是通晓仁义道德,明辨是非善恶之后,果断采用的举止行为。为国为民,匡扶正义,除暴安良,惩恶扬善,扶弱济贫等,即为"大勇"之举,在武林中是被极力推崇和效仿的。为私利或意气用事而逞强斗狠,则被视为"小勇",也称作"匹夫之勇",为武林中人所不屑。见义勇为更是武林中人显示自我存在价值的一种重要方式。

传统武德源远流长,许多内容至今仍然十分有益。但随着社会发展,其中一些内容已不适应现今社会的需要,甚至成为武术发展的桎梏。所以,在弘扬我国古代优秀武德的同时,应该采取批判继承的态度,取其对社会主义精神文明有用的部分,摒弃过时的、糟粕的内容,建立起新的、具有时代精神和社会主义特色的新时期武德。这是武术发展的需要,也符合社会主义精神文明建设的总要求。现代武德内容应是与社会主义精神文明要求相一致,并是社会主义精神文明建设的重要组成部分。

重德的拳礼

礼文化是儒家思想的重要组成部分,几千年来一直为历代王朝所推崇,成为植根于中华民族思想内的意识。"未曾学艺先学礼,未曾习武先习德",任何一个习武之人都要从"道德"和"礼"、"让"学起,拳礼就是在这样的文化环境中产生的。

拳礼,即打拳之敬礼,又称请拳,是武术中礼仪性的招式,表示互相尊敬、互相学习、团结和谦让的意思,是拳德的组成部分。拳礼一般使用在打拳、对练或器械开始前和结束后。如:峨眉派的拳种套路的起式与收式都是拳礼，一般叫"文武手"，是套路的固有动作，真正做到以礼始，以礼终，由此也可看出该门拳派的宗旨和精神面貌。

一般来说拳礼有鞠躬礼、抱拳礼、合十礼、无为礼、举手礼、三指礼、见山礼、莲花礼、一字礼等。习武者相见从不以握手为礼，因为擒拿中有趁伸手相握之机擒拿住对手的方法，不握手既可以避免对方猜疑，也可以避免对方可能暗藏杀机。在以上几种拳礼中鞠躬礼是最为通用的礼节，可前后左右鞠躬一至三次。抱拳礼也十分常用，又称抱揖。抱揖时左掌抱右拳，置于胸前，或拳频频摆动，对练时说一声"请"，表示团结互重。倘若手中持有器械则可以进行举手礼，只要一手持械，另一手亮掌，掌缘向前，掌尖与肩平即可。

拳礼与宗教还有很大的渊源，如合十礼就是佛家的根本礼节。合十礼也称合掌，要求两掌十指相合于胸前，头稍低，闭目，取站立弯腰或盘膝位，为十分虔诚的意思。无为礼则是根据老子"清静无为"的思想衍化而成，行礼时取站式，两手成拳下垂并向后摆，不轻易显露出来。行三指礼时左手要亮出三指，这三指就代表儒、释、道三教九流俊杰，食指和拇指要弯曲，表示一不畏人言攻击，二不避斧器伤身，右手则要成拳，表示三山五岳协力同心，左足尖朝前点地，右腿微弯。

这些拳礼一直沿用至今，并形成了独立的武术伦理理念与武德。1986年起，武术竞赛中也开始实行抱拳礼，并制定了统一的抱拳规格，赋予其新的含义。

新的抱拳礼要求并步站立，左手四指并拢伸直成掌，拇指弯曲扣于指根节上，形成掌，掌表示德智齐备，大拇指屈指表示不自大；右手四指并拢弯曲，大拇指扣在食指与中指中节上，形成拳，表示勇猛。左掌右拳，五个指头，有四个区间叫四海，五指叫五湖，过去是讲作"五湖四海"，现在可泛指"五洲四洋"。五湖四海即表示天下武林是一家。左掌要掩盖右拳，就是要挡住右拳不要动武，表示"止戈为武"，以此来约束争强好胜者。行礼时要头正身直，目平视受礼者。

正所谓"拳以德立，无德无拳"，武术的真谛就在于重德。在现代以武会友、广交朋友的今天，习武者更要把德溶入到拳术中去，才谈得上"有德有拳"。学会施抱拳礼只需顷刻时间，而学会抱拳礼中的武德，并付诸行动，却不是件容易的事情。行武德修养对于每一个习武者来讲有着重要意义，它是习武者在精神修养中的重要方面，值得人们代代传承。

徒手礼

1. 抱拳礼

抱拳礼是由中国传统作揖礼和少林拳的抱拳礼（四指礼）加以提炼、规范、统一得来的，并被赋予了新的含义。

抱拳礼的行礼方法是：并步站立，左手四指并拢伸直成掌，拇指屈拢；右手成拳，左掌心掩贴右拳面，左指尖与下颌平齐。右拳眼斜对胸窝，置于胸前屈臂成圆，肘尖略下垂，拳掌与胸相距 20～30 厘米。头正、身直、目视受礼者，面容举止自然大方。

抱拳礼的具体含义是：左掌表示德、智、体、美"四育"齐备，象征高尚情操。屈指表示不自大，不骄傲，不以"老大"自居。右拳表示勇猛习武，左拳掩右拳相抱，表示"勇不滋乱"、"武不犯禁"，以此来约束、节制勇武的意思。

左掌右拳拢屈，两臂弯曲成圆，表示五湖四海（泛指五洲四洋），天下武林是一家，谦虚团结，以武会友。左掌为文，右拳为武，文武兼学，虚心求知，恭候师友、前辈指教。

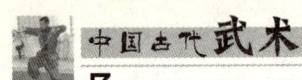

2. 鞠躬礼

鞠躬礼的行礼方法是：并步站立，两手垂置于体侧，手心向内贴于大腿外侧，上体向前倾斜15°。

持械礼

1. 抱刀礼

抱刀礼的行礼方法是：并步站立，左手抱刀，屈臂抬起使刀横于胸前，刀刃向上；右手拇指屈拢成斜侧立掌，以掌心附于左手拇指第一指节上，高与胸齐，两手与胸间距离为20～30厘米，目视受礼者。

2. 持剑礼

持剑礼的行礼方法是：并步站立，左手持剑，屈臂抬起使剑身贴前臂外侧斜横于胸前；右手成掌以掌外沿附于左手食指根节，高与胸齐，两手与胸间距离为20～30厘米，目视受礼者。

3. 持枪（棍）礼

持枪（棍）礼的行礼方法是：并步站立，左手持枪（棍）把段（靠把端三分之一处）屈臂置于胸前，枪（棍）身直立；右手成掌，附于左手拇指第二指节上，两手与胸间距离为20～30厘米，目视受礼者。

运动员若持双器械，应将器械交一手执握，行抱刀礼，持剑礼，持枪（棍）礼；若不适合行礼时，则应两手持械面向裁判长立正行注目礼，其他器械参照以上各种礼仪执行。

持械礼

武礼的应用

1. 在教学训练中的运用

武术课堂是一个严肃的教育场所，师生要用武术礼仪的标准来约束自己，要做到言行有礼。技术教学、训练礼节的步骤是：上课铃响时，班长或值日生整队集合（每个同学之间相距10厘米），清点人数完毕，向老师（教练）报告时，师生均行"抱拳礼"。老师向学生问："同学们好"的同时，行"抱拳礼"。学生在回答"老师好"的同时，行"抱拳礼"。然后落手立正，礼毕，上课开始。下课时，老师向学生说"同学们再见"，学生在答"老师再见"的同时，行"抱拳礼"，落手站立，然后学生再落手立正。礼毕，师生下课。

2. 在理论课堂中的运用

当老师走向讲台时，班长发口令："起立，敬礼！"学生起立行"鞠躬礼"。老师看学生已行礼端正，亦行"鞠躬礼"答谢。班长发口令："坐下！"

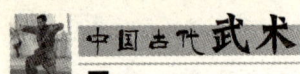

学生就坐，老师开始授课。下课时，老师说："下课！"班长发口令："起立，敬礼！"学生起立行"鞠躬礼"。老师看学生都已行礼端正，亦行"鞠躬礼"回谢，礼毕，下课。

3. 在竞赛及表演中的运用

在武术竞赛中，运动员听到上场比赛的点名和赛后示分时，向裁判长行抱拳礼或持械礼。在武术表演的开始和结束时，面向观众行抱拳礼或持械礼，以示礼貌。

递接器械是武术外在形象的一个重要方面，向对方递交器械时刀尖、剑尖向下，切忌刀尖或剑尖指向对方。枪、棍垂直离地约20厘米递给对方，切忌枪尖朝向对方，以失礼节。

知识链接

唐门暗器

蜀中唐门世代居于四川恭州重庆府唐家堡，是一个家族式的江湖门派，饮誉武林的暗器家族，以暗器和毒药雄踞蜀中，行走江湖达数百年之久。唐门人善于设计、发明和使用各种暗器与毒药，威力惊人。蜀中唐门弟子很少在江湖上走动，而且唐家堡四周机关重重，布满暗器，进入十分困难，所以唐门虽然名声远播，但是始终罩着一层神秘的面纱。唐门人行事诡秘，遇事不按常理出牌，因此总给人一种亦正亦邪、琢磨不透的感觉。

第五节 古代武术器械

矛

矛由矛头和矛柄组成，是一种长而尖的用于直刺和扎挑的兵器，由于矛头锋利，刺杀效果优于戈、戟，所以在冷兵器时代，一直是军队装备的主要兵器之一。矛在我国古代兵器史上使用期最久。它的别名很多，式样不一，但作用都一样，是一种纯粹的刺杀兵器。矛头分为"身"和"骱"两部分。矛身中部为"脊"，脊左右两边展开成带刃的矛叶，并向前聚集成锐利的尖锋。有的脊两侧带凹槽，称"饮血"，为矛头刺入人体时出血进气，以减少阻力。"骱"是用来连接矛脊的直筒，下粗上细便于装柄。为防止拔矛时矛头脱落，有的矛骱两边铸有环状钮，可用绳穿过把矛头牢牢绑缚在柄上。矛柄有木柄和积竹柄两种。"积竹柄"是用细竹做柄，打通竹节，竹芯内填充木条，然后用绳裹扎起来涂上漆。积竹柄坚韧而富有弹性，不易折断，性

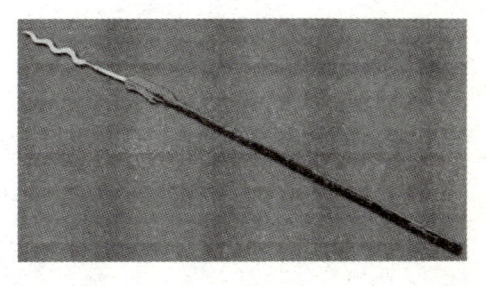

矛

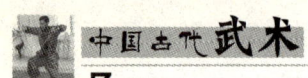

能优于木柄。

矛的原始形态是旧石器时代人类用来狩猎的前端修尖的木棒。人类学会制造复合工具后，用石头、兽骨制成矛头，绑在长木杆上，用以锥刺，增加杀伤效能。初期的矛并无定型，在青铜器时代，才有了较一致的型式。商代的铜矛头由中空装矝（柄）的"骹"（或称"箭"）与矛体构成。骹的横剖面多呈圆形或菱形，两侧常有环纽，以便更牢固地绑在矝上。骹向前延伸形成矛体的中脊，左右扩展成带侧刃的扁平矛叶，并前聚成锐利的尖锋。周代铜矛在形制上与商代大体类似，只是在形制上矛体渐窄，更便利扎刺。《考工记》说，周代的铜矛分为酋矛和夷矛两种。酋矛柄长两丈，为步卒使用；夷矛柄长二丈四尺，是车兵使用的。

从战国晚期开始，矛头改为铁制。秦汉到隋唐五代，矛头的形制与周代的基本相同。但随着钢铁冶锻技术的提高，东汉以后，矛头的形体加大并更加锐利。西汉时，骑兵日渐成为军队的主力兵种，出现了专供骑兵使用的长矛，称为"矟"，又称槊。在冷兵器时代，由于矛头锋利，刺杀效果比戈好，因此长期为军队中的主要武器之一。汉献帝四年（199年），东吴孙策进攻黄祖，兵抵沙羡（今湖北武昌西南），刘表派其侄刘虎和韩浠率长矛兵五千去援助黄祖。可见矛是当时军队的主要装备。

矛的缺点是刃部较长，刺杀不如枪那样灵便，到晋代枪兴起后，逐渐被枪取代。唐代虽仍用矛，但已不列为常备兵器。

戈

戈由戈头和木柲组成，是中国特有的可勾可啄的长柄格斗兵器。根据兵器学家周纬的考证，这种兵器是中华民族自己独创于古代的。它最初起源于原始人群的狩猎工具——石镰，后来逐渐演变成为石戈，商周以后又出现了铜戈。完整的戈由戈头、柲、冒和鐏四个部分组成。柲就是木柄，冒和鐏分

别装嵌在木柄的两端，上端叫冒，下端称镦。在偏顶端处用于勾杀作用的铜器叫戈头。戈头的各个部位都有自己的名称：用于勾啄的部位称"援"；用于装柄的部位叫"内"；为了防止啄击时"援"向后脱，所以在"援"的根部又有向下延伸的"胡"，在"胡"和"内"上有孔称为"穿"，用以穿绳绑缚木柄。

戈

戈有一最大缺点就是在钩啄格斗时容易脱落。所以戈头与柄的结合方法是一重要的技术。一般有两种安柄方法：一是"内"安"柲"（柄），即将柲的顶端劈开，插入内，用绳紧紧绑住。这种方法的缺点是容易使"援"向后脱。二是"銎"安"柲"。銎呈管状，位于援的根部与胡并行可将柲直接插入銎内。这种方法如果装插不牢极容易掉头。为了克服这一缺点，后来将胡延长，多加"穿"（孔），这样便可依靠绳的绑缚来固定戈头。但此法仍不尽如意。到春秋时期，銎安柲的方法渐被淘汰，多用内安柲，并把胡的外缘加刃，这样援的上下都有刃，可推可钩，援的前端也能啄杀，大大提高了戈的钩啄效果，成为当时一种多功能的冷兵器。

戈在战车为主的古战场上是兵器中的佼佼者。那时，每辆兵车配有甲士三人，主将在左，持弓；戎兵在右，执戈；居中者按辔，任驭手。周武王伐纣时，在牧野誓师："称而戈，比而干，立尔矛。"即命令将士们举起戈，拿起盾，挺起矛。纣王的军队同样是多数兵士持戈作战。在牧野之战中，士兵们不甘心为残暴的纣王卖命，纷纷倒戈，矛头对向纣王，致使纣王大败。由于戈的历史悠远，古代人们常把作为防御工具的"干"与"戈"并用，比喻战事。如"大动干戈"、"化干戈为玉帛"等。另外汉字中"武"从止从戈，属会意字，意思是"止息干戈"，后来演变为"关于军事、技艺"的意思。从"戈"的字还有"战"、"戮"、"戍"等。可见戈在车战时代是普遍使用的兵器，两军交战，车毂相错，戈从车旁横伸出来，钩杀啄击敌人，颇有用武之地。明朝著名的抗倭将领戚继光，曾经写下这样的诗句："一年三百六十日，多是横戈马上行。"真切地道出了将士征战南北，风餐露宿的戎马生涯。

到春秋战国晚期，由于盔甲的坚硬度逐步提高，车战也渐被步战骑战所取代，戈的使用价值锐减，随着具有矛、戈相结合的戟的出现，戈在战斗中的地位有所下降。战国晚期以后，铁戟逐渐取代了青铜戟，也逐渐淘汰了青铜戈。汉朝以后，戈作为实战兵器在战场上已完全绝迹。但作为一种礼兵器，戈仍旧是仪仗、门卫的饰物。

戟

戟，是一种可勾、可啄、可刺的多用兵器，也是我国古代特有的兵器。它实际上是戈与矛的结合体，由安鐏的竹木质戟柄和金属的戟头组成，具有直刃和横刃两个锋、四面刃。直刃可以刺杀，横刃可以勾啄，一种兵器具有多种用途。

戟出现于商代。在河北藁城台西村商代遗址，曾出土过一件把戈和矛联装在一个木柄上的长兵器，可以说是戟的雏形。到了西周时期，在陕西、甘肃、河南、山东以及北京等地发掘的西周古墓中，都发现了用青铜铸造的戟。这种整体合铸的青铜戟，前有援，尾有内，上有刺，下有胡，总体呈"十"字形。这种整体铸造的戟还比较单薄，多属于仪仗用的兵器。西周、春秋时的铜戟与商代的戈矛联装戟不同，是用青铜铸成的一个整体，在戈的基础上将胡部向上延伸成为刺锋，有的还将锋端铸成反卷的钩状。这种

商鞅戟

戟的形状呈"十"字形，铸造工艺要求高，且戟头多质轻体薄，其战斗性能并不比单体矛、戈好，仅在西周及春秋初期使用。春秋中、后期及战国普遍地又使用将戈、矛联装在一个木柄上的戟。为了增强杀伤能力，中国的南方吴、越、楚等地还流行一种特殊类型的联装戟，即在矛头下面的长柄上装两件或三件戈头。湖北随县曾侯乙墓出土的兵器中，就有保存完整的三联装戟，该墓的简文上把这种戟称为"三果"戟。春秋末期，又采取了加大戈和柄的夹角，在内和胡上加刃的办法来增强戟的杀伤力。

战国末年，开始出现一种刺援合体的铁制"卜"字形戟。铁戟的韧性和强度都超过青铜戟，戟刺成为窄而长形式，垂直伸出的援和前刺铸在一起，并像前刺一样窄长尖锐，以其优异的性能很快成为战场上的主要格斗兵器，并最终取代了青铜戟。那时，戟的多寡还是一国战斗力强弱的表现，人们常用"持戟百万"来形容一国军队的强大。西汉时，戟是最主要的长柄格斗兵器。东汉时，戟在形制上出现了一些变化，表现为戟援上翘，形成钩刺。这种戟完全丧失了向后钩砍的传统功效，增强了向前扎刺的效能，进一步适应了骑兵和步兵在作战中前冲叉刺的需要。除长戟之外，汉代还出现了防身用的短戟，称为手戟。手戟形制与"卜"字形戟相似，只是不装长秘，用手直接操持。三国时，戟仍在军队中普遍使用，也有很多用戟的名将。如张辽曾披甲持戟，猛攻孙权，吓得孙权退到一个高地上以长戟自守；董卓一次发怒时，拔手戟掷向吕布；典韦好持大双戟，一双戟重八十斤等。西晋及南北朝时期，戟依然是重要的格斗兵器。但随着重甲骑兵的发展，用戟穿刺人马铠甲的能力远不及矟，戟开始衰落；步兵装备中，戟盾的配合也让位于刀和盾，逐渐变成仪仗。唐代以后全被淘汰。

戟自问世以来深得兵家赏识，几经变迁，几番征尘，作为军队中的主要兵器，留下了血刃敌寇的战绩。唐代著名诗人杜牧曾写下这样的名句："折戟沉沙铁未销，自将磨洗认前朝。"后来，"折戟沉沙"一词被用来比喻失败惨重。还有"剑戟森森"一词，原来是形容剑戟遍布，戒备严密，后引申为人的内心险恶且深藏不露。戟，在古人眼里深受器重，因而铸造上颇为讲究，不亚于战国时名剑的制作。两晋以后，由于盔甲的制作日趋精良坚固，钩啄兵器的效用降低。在银盔铁甲面前，戟的杀伤力大为减弱，而枪、矛等刺兵器仍能大显身手，于是枪渐渐取代了戟。到唐代，戟退出了军用兵器的行列，成为一种表示身份等级的礼兵器，叫"棨戟"。那时，棨戟是朝廷文武官员表示身份的仪仗物。门前列戟以示身份高低；皇帝派重臣巡视或统兵出征，赐"棨戟以代斧钺"，表示授予权柄。唐代典章对树戟有详细的条文规定，是封建等级制度的一种实物标志。

枪

枪是一种和矛类似的长柄刺击兵器，由枪头和长柄两部分组成。因形制与矛相似，也有人把它归到矛中。但枪头比矛头的刃部短而锐尖，这样在刺杀时就比矛更加轻便锋利，因此被广泛采用。据说枪最早出现于黄帝时代，直到汉代前期枪仍是竹竿或木杆削制成的。后汉时，诸葛亮遣人制造的枪加了铁枪头，长两丈到两丈五，样子还未脱离矛的形式。到晋代，枪的形制趋于短而尖，其性能及刺杀效果均优于矛，因此更加广泛地应用于作战。

据《唐六典》载，唐代枪分为漆枪、木枪、白干枪和朴头枪四种，但有文无图，形制不可考。据说漆枪短，是骑兵使用的；长木枪是步兵使用的；其余两种是皇朝禁卫军使用的。枪不仅用于格斗，而且在渡河时可以其扎缚木筏，夜营时用来支撑营帐，用途广泛，所以军中战士各配一枪。

枪

宋代，枪是主要的长柄格斗兵器，所以种类繁多。宋枪都是以木为杆，上安铁枪头，下装铁镦。北宋兵书《武经总要》载的步骑兵用枪即达9种。有钩、环的双钩枪、单钩枪、环子枪是骑兵用的，素木枪等4种是步兵用的，无锋刃的锥枪是训练用的，梭枪可以投掷，是与盾牌组合使用的标枪。除步骑兵用枪外，还有专门用于攻城的枪和用于守城的枪。专用于攻城的有短刃枪、短锥枪、抓枪、蒺藜枪、拐枪，其特点是枪杆较短（约四尺到六尺长），便于在掩护挖城的头车、绪棚中和地道中用。专用于守城的有突拐枪、抓枪、拐刃枪、钩竿等，杆较长（二丈五尺左右），便于刺杀正在爬城的敌人。著名的"杨家将"家传的练枪法称"杨家枪"，杨业父子都善使枪，为保大宋江山，杨家诸将曾驰骋疆场，立下了不朽功勋。

明代，枪仍是主要长柄格斗兵器。据说元末农民起义的首领朱元璋起兵时，身带双枪作战：一支用于步战，枪长一丈六，枪杆一握粗；另一支用于骑战，枪长一丈二，上悬黑缨、黑旗，每次激战，都拿着它勇猛地杀向敌阵。将士们见到朱元璋的黑旗黑缨枪，个个奋勇争战，所向披靡，锐不可当。在那征战沙场的峥嵘岁月里，朱元璋曾身历矢石，枪柄上留下三处刀痕，黑旗上挂有五处箭射穿的洞。这成为他日后炫耀武功的历史见证。除攻守城用枪尚有一部分沿用宋代枪式外，形制较宋代大为简化，一般战斗用的有长枪、铁钩枪、龙刀枪等。长枪有三种式样，枪头长度为三寸到七寸，重量不超过四两；以竹或木为杆，长一丈二尺左右，下面不安镦。铁钩枪和龙刀枪有特定的用途：铁钩枪的铁刃连钩长约一尺，可刺可勾；龙刀枪有旁刃，可刺可砍可叉。

清代，长枪是军队常用兵器，八旗和绿营均有长枪兵的编制，其形制与明代长枪大同小异，刃长七寸到一尺一寸，杆长一丈到一丈三尺，末端安有铁镦。清代长枪的种类较多，仅《清会典图·武备》收乾隆二十一年（1756年）定的枪式就达16种之多。长枪形制比较简单，使用灵便，作为近战的主要兵器使用时间长，直到19世纪中叶，清军装备了近代步枪后才被淘汰。

刀

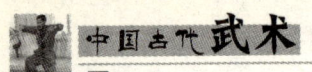

刀是古代一种单刃的砍杀兵器，由刀身和刀柄构成，刀身较长，脊厚刃薄，适于劈砍。

早在原始社会，我们的祖先就已会用石头、蚌壳、兽骨打制成各种形状的刀。他们选用的石头多半是石英石、砂岩，也有燧石和水晶石。用这些石料打制成的石刀质坚棱利，是很好的砍劈工具。其次是用蚌壳和兽骨磨制的蚌刀、骨刀，这类刀轻便锋利，适于砍削器物。古人不仅用刀作为劳动工具，还随身携带作为防身自卫的武器。早在黄帝时代就有一种用玉石磨制成的刀，刀身十分精致，并刻有花纹图案，专门用作仪仗饰物。我国目前发现最早的青铜兵器便是铜刀，它约有4000多年的历史，可谓青铜兵器的始祖。最早的铜刀脱胎于石刀，形状很小。商代的青铜刀，刀形较宽，刃端多向上翘。当时的刀主要用来砍削器物，屠宰牛羊，或防身自卫，还未正式用于战争。西周时期，出现了青铜大刀，柄短刀长，有厚实的刀脊和锋利的刀刃，刀柄首端呈扁圆环形，所以又叫"环柄刀"。北京昌平县白浮西周木椁墓中曾出土过两把青铜刀：一把刀身长41厘米，刀背微弓；另一把长24厘米，类似冰刀形。那时的青铜刀质地较脆，缺少韧性，劈砍时容易折断。与同时代的铜剑相比，刀的做工粗糙，形体笨拙，远不如铜剑精巧锋利。因而刀迟迟没有投

刀

身战场。秦汉时期，钢铁问世以后，刀的制作工艺得到改善，形制上刀身加长，并且已有专门的战刀和佩刀之分。佩刀讲究式样别致，镶饰美观；战刀则注重质地坚韧，作工精良。

秦汉以后，兵车已渐渐退出战场，取而代之的骑兵队成为作战主力。单纯的刺兵器对此不足以发挥效力，擅长劈砍挥杀的钢刀越来越成为"热门"兵器，不仅需求量急剧增加，而且对钢刀的制作质量要求越来越高。三国时刘备令工匠造刀5000把，孙权则命造刀10000把；司马炎也曾一次遣人造刀8000把。这些刀显然是用来装备军队的，可见刀已当之无愧地成为主要兵器之一。最通用的刀要算"环首刀"，这种刀直背直刃，刀背较厚，刀柄呈扁圆环状，长度一米左右，便于在骑战中抽杀劈砍，是一种实战性较强的短兵器，在战场上的厮杀格斗中，许多将领往往长矛短刀并用，远刺近劈，威力无比。西汉时大将李广之子李敢便是"左持长槊，右执短刀，跃马陷战"，大显身手。三国时南蛮首领孟获的妻子祝融夫人善使飞刀，百发百中。她曾手挺八尺长标，背插五口飞刀，重伤张嶷，活捉马忠，真是巾帼不让须眉。

古代钢刀不仅在战场上名声显赫，而且在官场上同样地位尊贵。汉朝时，自天子至百官无不佩刀。佩刀同样也可表示达官贵族的身份等级。东汉时，对天子百官的佩刀形制及装饰都有极严格的明文规定，谁也不准许逾越。这种佩带用刀，从外形上要求精致美观，刀身通体雕错花纹，刀环铸成各种形态的鸟兽图案。例如东汉中山穆王刘畅生前的佩刀，全长105厘米，刀身饰有线条流畅的错金涡纹和流云图案，工艺之精细，装饰之华丽，令人叹为观止！两汉三国时，诸国君臣莫不看重佩刀，有的几近嗜好，不惜花费重金，延请名师，耗用几年甚至十几年功夫，炼制宝刀。著名的制刀匠阮师，据说他造刀"受法于宝青之虚，……以水火之齐，五精之陶，用阴阳之候，取刚柔之和"，所制的阮家刀"截轻微无丝发之际，斫坚刚无变动之异"，堪称稀世宝刀。蜀国的蒲元运用当时的先进淬火技术造刀，具有独到之处。他曾受诸葛亮之命，在斜谷造钢刀三千把，锋利无比，被称为"神刀"。当时也确实

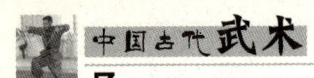

出现过一批留名后世堪称稀世珍品的宝刀。如曹操有 5 把百辟宝刀，刀身分别镌刻龙、虎、熊、马、雀型花纹图案作为标志，曹操自己留用 2 把，其余 3 把分别赠给曹丕、曹植和饶阳侯。曹植为此作《宝刀赋》，形容这宝刀"陆斩犀革，水断龙舟，轻击浮截，刃不纖流"。孙权也曾亲自督造宝刀 3 把，取名曰"百炼"、"青犊"、"漏景"。孙权十分珍爱这 3 把宝刀，常常爱不释手，平时总是随身佩带宝刀，并经常向其他人炫耀。

隋唐时期，由于发明了更为先进的"灌钢法"代替了过去的百炼法，炼出的刀更加坚韧锋利。唐代的刀有仪刀、鄣刀、横刀三种：仪刀是皇朝禁卫军使用的武器；鄣刀是一般官吏佩带用刀；横刀是专门装备军队的战刀。唐代制刀不仅注意保持汉民族传统的制作技艺，而且随着各国及各民族之间经济文化的广泛交流，还吸收了不少外来的制刀技艺，促使战刀的制作更趋于实用。

明代军队中使用最多的是"腰刀"。腰刀刀体狭长，刀身弯曲，刃部延长，吸收了倭刀的长处，使劈砍杀伤的威力增大。明朝著名将领、抗倭英雄戚继光非常重视腰刀的制作，在其军事著作《练兵实纪》中对腰刀制作方法有着详细的研究与记载。清代，刀的种类更为繁杂，有腰刀、滚背双刀、脾刀、双手带刀、背刀、窝刀、鸳鸯刀、船尾刀、割刀、缭风刀等等。其中被广泛应用于作战的是腰刀和双手带刀。腰刀上部较直，下部微曲，刃部略窄，刀身长三尺二寸，柄长三寸，重一斤十两（古时 1 斤 = 16 两），一般用于骑兵作战。双手带刀，柄长一尺五寸，可容双手把握，刀刃长且特别宽大厚重，上部呈平线形。步兵在近身交战时，一刀砍去，可断敌首级或四肢。

短刀在明清时代仍然是军队的主要兵器之一。据《清史演义》上记载，清朝皇太极登基后，第一次出师的阵容是由满、蒙、汉组成的六军：马队、步队、长枪队、短刀队、强弩队、牌队。那时短刀队所使用的战刀接近于我们后来所见过的"马刀"。"马刀"与称作"大刀片"的军刀，一直延用到抗日战争以后。

古代以刀为武器的江湖勇士，在刀法上有所成就，并多用此行侠仗义的武人称为"刀客"。在古代刀为凶器，称之为百兵之胆。用刀者舞起刀来，刀风呼呼，寒光逼人，只闻刀风，不见人影，勇猛威武，雄健有力，所以刀客也代表勇者。

剑

剑，与刀不同，是一种可刺可砍的两用短兵器。剑体修长，后端是短柄，用以把握。剑身两侧出刃，向前聚成锐利的锋。刃和锋是剑推刺挥劈的有效部位。

剑最早出现于青铜器时代，是从矛头演变而来的。早期的剑是一种前端有锋，两侧出刃的平扁形铜片，中间没有脊，尾部只有很短的茎（柄）。1957年，在陕西长安张家坡的西周古墓中出土了一把短短的青铜剑，全长27厘米，形似细长的柳叶，装柄的部分略瘦，上有两个纵列的孔，用以固着木柄。这种最早的柳叶形青铜剑，还在北京琉璃河和陕西宝鸡等地出土过。这种剑有效使用的锋刃部分不过17～18厘米，和匕首差不多，可以说它仅仅是一种卫体武器。因为在西周时期，车战是主要的作战形式，两军对阵，先发弓箭，待到战车交错时，便用长柄的戈、矛、戟格斗，只有当双方扭打在一起时，仅有十几厘米锋刃的短剑方可显示身手。

从春秋到战国，是我国古代作战方式发生急剧变化的时期。在南方，由于河渠众多、水网纵横，奔驰在北方平原的战车在这里很难发挥作用，步战逐步取代了车战。随着步兵的出现，短兵相接的战斗日益增多，剑作为近身的锋利而又轻便的短兵器，开始受到重视，并迅速得到发展。特别是地处南方的吴越两国，铸剑水平远远超过中原诸国，涌现了像欧冶子、干将、莫邪等许多传奇式的铸剑大师。吴越成了当时的"宝剑之乡"。这时剑的形制也有了新的变化。由柳叶形变为柱脊剑，也就是由圆柱体的茎直向前延伸而形成

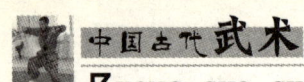

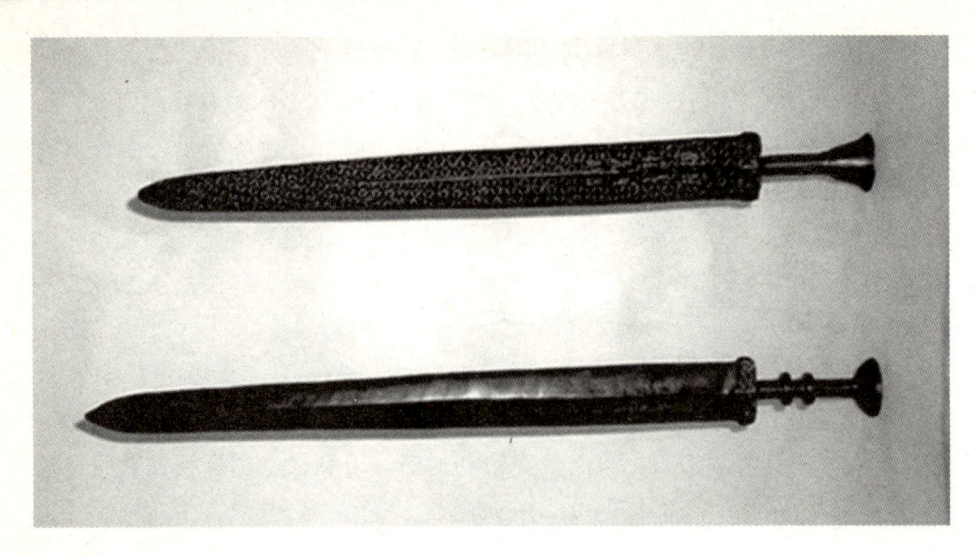

剑

剑身的脊柱。由于增加了脊柱，大大延长了剑身，剑的平均长度已增加到50厘米左右，从而提高了剑的杀伤威力。

　　战国时期，铁器的使用带来了兵器的变革，出现了用钢铁铸造的剑。由于钢铁的韧性和硬度都比青铜好得多，所以剑身的长度大大增加。从这一时期出土的铁剑看，其长度已经接近1米，最长的甚至达到1.4米，是过去一般青铜剑的3倍。在古代著名的"荆轲刺秦王"的故事中，荆轲藏于地图卷中的匕首长不盈尺。秦王嬴政虽身佩卫身宝剑，但因剑身长3尺，一时拔不出鞘，只好绕殿柱规避，最后殿下臣子暗抛囊袋击中荆轲，秦王才从背后拔出剑来，击伤荆轲。从这个故事中我们可以知道，古时的短剑和长剑各有各的用场，正如古人所言："一寸长一寸强，一寸小一寸巧。"但是，由于战国时期用钢铁制剑还不普遍，所以军队中大量使用的还是青铜剑，这种情况一直持续到秦朝末年。陕西秦始皇陵陶俑坑发掘出土的大量武器几乎都是青铜制品。直到汉代，先进的钢铁武器才陆续取代了落后的青铜兵器。

　　虽然剑具有刺和砍两种功能，但在青铜时期，剑的主要作用是直刺而不

第四章　武术名人与武术名篇

是劈砍。这是因为青铜制成的剑，剑身薄，质地脆，容易折断，只适用于刺杀，不适于劈砍。因此，当时人们又把剑称为"直兵"，并有所谓"曲刃钩之，直兵推之"的说法。从商周到战国，剑一直是这样使用的。1966年从湖北江陵的一座古墓中出土了一把越王剑，这把剑出土时完好如新，锋刃锐利，制工精美。剑全长55.7厘米，剑身布满菱形的暗纹，衬出八个错金的鸟篆体铭文："越王鸠浅自作用剑"。"鸠浅"就是那位卧薪尝胆终于灭吴的勾践。这把剑集中体现了春秋晚期以来铜剑所共有的特点：剑的刃部不是平直的，而是中段内收，前端较宽，由宽处再次向外凸并前聚成锋，呈现弧形。这种弧形说明，剑在使用时注重的是它直刺的功能，而不是斫击。但是战国以后，钢铁剑取代了青铜剑，情况发生了变化。与春秋时期的青铜剑相比，钢铁剑的剑身加长，弧曲的刃部伸成平直，并且更加锋利。从这些变化可以看出，剑的功能已经由主要是直行向前推刺敌人转为主要是用刃部劈砍。因为钢铁剑的刃部经过淬火以后，刚硬而又锋利；那没有经过淬火的脊部则仍旧保持着较好的韧性，可以收到刚柔结合的效果。正是由于制剑的材料发生了这么大的变革，所以才带来了剑的使用功能的转变。

汉代是冷兵器发生巨大变革的时代，这种变革一方面是钢铁兵器取代了青铜兵器，另一方面是主要兵器的种类发生了新旧更替。这方面最突出的就是长剑逐渐从战场上消失而代之以刀。

战国以来，骑兵作为一种新型兵种开始出现在战场上。到了汉代，骑兵已经成为作战的主力。因为马奔跑的速度很快，骑兵在马上再像以前一样使用长剑来推刺杀伤敌人，已经很不适宜了，想要毙伤敌人，主要靠挥臂劈砍。这样一来，尖长剑锋的作用就不大了。这时，虽然钢铁制作的剑已经具有了较好的劈砍功能，但是由于剑的中脊太薄，吃重很小，而且在战斗中往往容易弯曲、折损。加上在劈砍时，剑身两侧的刃实际只能使用其中一侧，另一侧发挥不了作用，同时由于两侧出刃，使剑的制作工艺非常复杂，不便于大量生产以装备部队。所以在汉代，刀又重新受到重视，出现了所谓的环首大

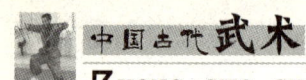

刀。这是一种专门用于劈砍的短柄武器，它一侧出刃，另一侧做成厚实的中脊，同时去掉了尖锐的剑锋。由于一侧做成厚实的刀脊，使得刀不但不容易折断，而且增加了刀在劈砍时的力量。随着汉代"百炼钢"技术的进步，环首刀的制作大为发展。

汉代以后，剑退出了实战的战场，逐渐成为一种表示身份等级的佩带物了。这样它只要具有华美的外形就可以了，锐利的锋刃已经没有用了。所以西晋以后甚至出现了木剑和玉剑。另外，汉代以后，道教日益兴起，剑逐渐成为道教中的一种具有神秘色彩的法器。

在古代，用剑的侠士称之为剑客。剑是礼器，代表正直、仁义等，比如尚方宝剑就是很好的例子。

暗器

暗器是指那些乘敌不备暗中施发的武器，如镖、弹弓、袖箭等兵器，其特点是短小灵活、隐蔽性好。

暗器起源于原始社会，秦朝以后，其使用有所扩展，宋元以后广泛发展，明清两代是发展的高峰期，暗器的发展，是中国古代冷兵器发展史上不可或缺的一环，这种脱胎于古代大型战斗武器的短小精制的兵器种类，对研究中国古兵器史及武侠史有着十分重要的意义。

下面介绍几种大家在小说或影视作品中常见的暗器：

1. 飞镖

镖是一种金属制飞飘式投掷武器。飞镖有脱手镖、金钱镖等多种。脱手镖分三棱、七棱等，是镖客常用的暗器。一般长10厘米，重四两半至半斤。又可分带衣镖与光膘。带衣镖是用绸布系于镶尾，掷出时绸衣如箭后的羽，

起稳定飞行方向的作用。光镖则不带镖衣，更加隐蔽，只是飞行的稳定性较差，要命中目标更需技巧。镖一般系在腰间，共9至10枝，其中有一支较其他大的叫绝手镖，在镖将用尽而敌情不减时使用。另外，除脱手镖外，金钱镖也很常见，它是以大制钱磨光边缘而成。此镖易于制造，可大量携带，使用隐蔽，以飞掷而伤人，多伤人面目和手腕。可攻击敌之眼、咽喉等部位，只是此镖飞行姿态难掌握，练习较难，而且攻击距离有限。只是金钱镖练习起来难度较大，一般练至飞掷三十步能陷入树中，方为成功。因飞行姿态等的限制，金钱镖并不容易把握，其攻击距离也有限。

2. 飞刀

在手掷暗器中，较常见的是飞刀，其样式有许多种，有单刃、双刃。发挥手法不同，飞行姿态也不同。其中以柳叶飞刀最常见，柳叶飞刀是一种双刃刀，形似柳叶，刀身长约20厘米，柄长4厘米。刀中脊稍厚，双刃很锋利，通刀重八两。也有人在刀柄上系绸，叫刀衣。飞刀多以12刀为一囊，上下各6柄列成两排，刀身于内，柄于外；飞刀多系于使用者后背，用时低腰以手拔掷之，快、准、狠。

3. 袖箭

以暗藏于衣袖内而得名。它可分单筒与多筒二种，即一次发射与多次发射两种。袖箭的筒体是用铜或铁铸成，中间空心，内径约2.5厘米，筒体长26厘米。在筒盖上装一蝴蝶形钢片，可掩住筒盖上的一圆孔，此钢片正是起到扳机的作用。袖箭箭体长约24厘米，以竹制成，前有铁镞，箭头之下有一小缺槽。箭体从筒盖小孔装入筒内，压紧筒中的弹簧，这个小槽正好为筒盖钢片卡入，袖箭由此进入待发状态。使用时，一启钢片，箭由弹力的作用飞出伤人，其射程由弹簧的力量而定。多筒袖箭一般为六筒，故又称"梅花袖箭"，制法大致与单筒相近。

知识链接

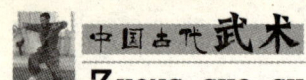

十八般兵器

十八般兵器，泛指多种技艺，其内容在各个时期有所不同。其名称，始见于元曲。近代戏曲界有人称之为刀、枪、剑、戟、斧、钺、钩、叉、鞭、铜、锤、抓、镋、棍、槊、棒、拐、流星锤。

图片授权
全景网
壹图网
中华图片库
林静文化摄影部

敬　启

本书图片的编选，参阅了一些网站和公共图库。由于联系上的困难，我们与部分入选图片的作者未能取得联系，谨致深深的歉意。敬请图片原作者见到本书后，及时与我们联系，以便我们按国家有关规定支付稿酬并赠送样书。

联系邮箱：932389463@qq.com

参考书目

1. 栗小莹．武术．吉林：吉林出版集团有限责任公司．2013
2. 林小美．清末民初中国武术文化发展研究．杭州：浙江大学出版社．2012
3. 张继生．中华武术礼仪．北京：中国旅游出版社．2012
4. 任海．中国古代武术．北京：中国国际广播出版社．2011
5. 左文泉．武术．北京：北京师范大学出版社．2011
6. 吴兆祥．中国武术精粹．合肥：安徽人民出版社．2011
7. 黎华．武术与艺术．昆明：云南大学出版社．2009
8. 刘俊骧．武术文化与修身．北京：中央编译出版社．2008
9. 华博．中国世界武术文化．北京：时事出版社．2007
10. 于志钧．中国传统武术史．北京：中国人民大学出版社．2006
11. 国家体委武术研究院．中国武术史．北京：人民体育出版社．1997

中国传统民俗文化丛书

一、古代人物系列（9本）
  1. 中国古代乞丐
  2. 中国古代道士
  3. 中国古代名帝
  4. 中国古代名将
  5. 中国古代名相
  6. 中国古代文人
  7. 中国古代高僧
  8. 中国古代太监
  9. 中国古代侠士

二、古代民俗系列（8本）
  1. 中国古代民俗
  2. 中国古代玩具
  3. 中国古代服饰
  4. 中国古代丧葬
  5. 中国古代节日
  6. 中国古代面具
  7. 中国古代祭祀
  8. 中国古代剪纸

三、古代收藏系列（16本）
  1. 中国古代金银器
  2. 中国古代漆器
  3. 中国古代藏书
  4. 中国古代石雕
  5. 中国古代雕刻
  6. 中国古代书法
  7. 中国古代木雕
  8. 中国古代玉器
  9. 中国古代青铜器
  10. 中国古代瓷器
  11. 中国古代钱币
  12. 中国古代酒具
  13. 中国古代家具
  14. 中国古代陶器
  15. 中国古代年画
  16. 中国古代砖雕

四、古代建筑系列（12本）
  1. 中国古代建筑
  2. 中国古代城墙
  3. 中国古代陵墓
  4. 中国古代砖瓦
  5. 中国古代桥梁
  6. 中国古塔
  7. 中国古镇
  8. 中国古代楼阁
  9. 中国古都
  10. 中国古代长城

11. 中国古代宫殿
12. 中国古代寺庙

五、古代科学技术系列（14本）
1. 中国古代科技
2. 中国古代农业
3. 中国古代水利
4. 中国古代医学
5. 中国古代版画
6. 中国古代养殖
7. 中国古代船舶
8. 中国古代兵器
9. 中国古代纺织与印染
10. 中国古代农具
11. 中国古代园艺
12. 中国古代天文历法
13. 中国古代印刷
14. 中国古代地理

六、古代政治经济制度系列（13本）
1. 中国古代经济
2. 中国古代科举
3. 中国古代邮驿
4. 中国古代赋税
5. 中国古代关隘
6. 中国古代交通
7. 中国古代商号
8. 中国古代官制
9. 中国古代航海
10. 中国古代贸易
11. 中国古代军队
12. 中国古代法律
13. 中国古代战争

七、古代文化系列（17本）
1. 中国古代婚姻
2. 中国古代武术
3. 中国古代城市
4. 中国古代教育
5. 中国古代家训
6. 中国古代书院
7. 中国古代典籍
8. 中国古代石窟
9. 中国古代战场
10. 中国古代礼仪
11. 中国古村落
12. 中国古代体育
13. 中国古代姓氏
14. 中国古代文房四宝
15. 中国古代饮食
16. 中国古代娱乐
17. 中国古代兵书

八、古代艺术系列（11本）
1. 中国古代艺术
2. 中国古代戏曲
3. 中国古代绘画
4. 中国古代音乐
5. 中国古代文学
6. 中国古代乐器
7. 中国古代刺绣
8. 中国古代碑刻
9. 中国古代舞蹈
10. 中国古代篆刻
11. 中国古代杂技